JN119079

大活字本シリーズ

磯田道史

無私の日本人

《下》

埼玉福祉会

無私の日本人

下

装幀　関根利雄

無私の日本人／下巻　目次

中根東里……7
大田垣蓮月……137
あとがき……326
解説　藤原正彦……337

無私の日本人

中根東里

中根東里

中根東里（なかねとうり）という儒者について書きたい。村儒者として生き、村儒者として死んだ人だから、いまでは知る人も少ないが、わたしは、この人のことを書かずにはいられない。

この中根東里という人は、そのささやかな生涯が、ひろく世に知られることなど、ついぞ期待していなかった。このような文章をわたくしが書き記すことも、おそらく、潔しとしないに違いない。それどころかこの人物はおのれの形跡をひたすら消そうとした。それゆえ史料にとぼしく、わたしの筆では、その生涯をどこまでたどれるかわからない。

中根は詩文の才に超絶していた。ふつうの道を歩んでおれば、この国屈指の大詩人として、われわれの記憶にとどめられていたはずである。

「詩文において中根にかなうものはおらぬ」

それが享保（一七一六〜三六）ごろの江戸文人の常識であったし、寛政（一七八九〜一八〇一）に入ると、柴野栗山（しばのりつざん）・井上四明（いのうえしめい）・太田錦城（おおたきんじょう）などの諸家が、わずかに遺された彼の詩稿を目にしてその才に驚愕し、

「慶元以来、稀有絶無の天才であろう」

と、絶句した。

慶元以来というのは、慶長元和以来つまり徳川の世がはじまってこのかた、という意味である。江戸時代を通じて空前絶後の詩才の持ち主といってよかった。

これほどの天才が世に知られなかったのには、理由がある。不世出のこの詩人は、みずから作るところの文章をとって、ことごとく竈（かまど）のなかの火に投じてしまっていたからである。

そもそも、この天才児が、この世に生まれ落ちたのも、ほんの偶然といったほうがよいかもしれぬ。生まれたのは、

――伊豆の下田

であった。この下田というところは滑稽といっていいほど、ありとあ

らゆるものが漂着してくる。土佐国から神輿が流れ着いたとか、仏像が浮かび上がったとか、太平洋に突き出たこの港町にはそういう話がいくらでもある。

人間も流れ着いてくるらしい。延宝年中（一六七三〜八一）、この港に、風変わりな男があらわれた。一応、武士らしい風体をしていたが、漂泊の中途らしく、どこからきたのかわからない。

「三河からきた」

と、本人はいうが真偽のほどは知れなかった。ただ、風流韻事の素養はあるらしく、ひもすがら雄々しい岸壁を飽きもせずに眺めては「海浜清幽にして島嶼みるべきなり」などと、嘆じた。巌石が猛々しい、この浜がよほど気に入ったらしく、

「わしは武浜と号す」

と、言い出し、とうとう下田の地に棲みついた。そのうえ、どこで習いおぼえたものか、医者をはじめた。やがて、女を娶（めと）った。これが東里の父・中根重勝（しげかつ）の閲歴である。漂泊の士が風光明媚な浜に流れ着き、いつしか出来た子というのが、この不思議な詩人の生い立ちであった。

東里の幼時のことはあまり伝わっていない。名は孫平といったらしい。あまり幸せではなかったことは確かなようである。父の医業はそれなりに繁昌した。が、そのうち、また放浪癖が頭をもたげてきた。父は家に居つかず、酒癖が悪くなった。深夜まで酒を飲み、幼い東里が迎えにこなければ、家にもどらなくなった。東里は小さな手に提灯をさげ、のんだくれ者となった父をもとめて夜の下田をさまよった。

闇のなかに立ち続けるそのさまをみて「あの子はあまりに不憫だ」と町の人は涙をぬぐった。

こんな話ものこっている。ある夏の夜、父の帰りがあまりにもおそいので、東里は懸命に父をさがした。すると、まえから千鳥足の人影がくる。父であった。甚だしく酔っており、前後不覚におちいっているのか、しきりに東里を罵り、ついに道端の樹下に倒れ、大いびきをかいて眠りはじめた。当然、藪蚊がたかってくる。東里はけなげにも、父を背負って帰ろうとしたが、子どもの力では、どうにもならず、やむなく家に走った。扉をあけ放つや、母にいった。

「父君は今晩、知人宅にお泊まりになります。蚊帳が足りないので借りて来いといわれました。今夜は、わたしもそこに泊まります」

これが東里がはじめてついた嘘であったという。母の心痛をおもんばかってのことであった。東里は蚊帳を抱えると一目散に父のもとに走り、露天に蚊帳を吊って、酔父をまもった。一晩中、まんじりともせず、父のかたわらに、ついていたという。もっとも東里は生涯このことを口外せず、町のうわさで母が事の次第を知ったのは、ずいぶんたってからのことであった。

こういう子であったから、大人たちは東里のゆくすえをかえって気にかけた。

「この子は俗世の塵には向くまい。いっそのこと出家させたほうがよかろう」

母は真実そう思ったらしく、東里は禅寺にやられた。剃髪して、

——証円

と名乗った。

ところが、小坊主となった東里は奇妙なことに興味をもちはじめた。

「唐音を学びたい」

と、言い出したのである。唐音とは中国語のことである。

「毎朝、読経をするが、その発音はまったく和語である。禅は唐土より渡来したものであるから、本来の唐音で、経を読んでみたい」

およそ尋常の人間なら考えつかぬことを本気で考えはじめた。朝夕、下田の絶海を眺めているうちに、そんな気分になったのか、あるいは父祖伝来の漂泊の血がそうさせたのか、それはわからない。ともかく、海を鎖(とざ)しているこの国にあって、禅寺の小坊主が途方もないことを考え出したことには違いなかった。

当時、日本で唐音を学べるところは二ヶ所しかない。ひとつは唐人屋敷のある長崎、もうひとつは、宇治の黄檗山萬福寺である。

黄檗山はすべてが中華の小宇宙であった。黄檗の宗祖、隠元は明朝が滅亡するなかこの国に渡来してきた。異民族に本国が亡ぼされる非常事態のなかからの脱出であったからであろう、彼は中華のすべてを渡来船にのせて東の島国に運んだ。まさに方舟といってよかった。その方舟には三十人ばかりの中国僧が乗っていた。大工や左官もいた。それだけではない。料理人もいれば、食膳や作物までそっくり持ってきた。隠元豆はよく知られているが、植生までそっくり故国を再現しようとした。黄檗では周囲の竹まで植え替え、中国の孟宗竹の竹やぶとした。そういうところであったから、宇治の黄檗山は日本のなかの小さな中国といってよかった。そこではまさしく唐音が話されていた。東里は禅寺を飛び出し、迷わず、そこをめざした。正徳元辛卯年（一七一一）秋のことであった。

下田から宇治へは大坂まで船で行き、あとは陸路を歩く。途次、摂津国中山の遍照院という寺に泊り、きのこ狩りに誘われた。面白いように、きのこは採れた。東里も喜んでこれを食べた。この世にこれほどに、うまいものがあろうかという味であった。ところが、翌日、六人のうち四人がのたうちまわりはじめた。みな背の皮膚がやぶれて紫になり、次々に死んだ。もっとも幼い僧は露身といい、十一歳であった。

東里は悲しみとともに、黄檗山に着いた。

「たのみましょーう」

と大声を張り上げるのが禅寺の作法である。出てきた住僧はきまって、

「どうーれ」

と応じ「当山は満衆にて供菓も回りかねる。掛搭(かた)の儀は堅くお断りいたす」というセリフで拒絶するが、それは入門者を玄関で三日間土下座させるための方便であって、かならず掛搭(入寺)は許されることになっている。禅の世界ではあらゆるものが芝居のごとく形式化されている。

東里はこの黄檗山で中国僧に師事した。唐音は瞬(また)く間に上達した。はじめは楽しかった。だが、そのうち、あきたらなくなってきた。東

里のごとく桁違いの好奇心をもって生まれてきた少年にとって、禅寺の一日は単調すぎたといってよい。黄檗山には中国から渡来した書物が山と積まれ、経蔵におさまっていた。東里はそれら万巻の群書を読みたいと思ったが、中国僧は冷たくあしらった。

「禅の修行は書見ではない」

というのである。ここにいたって、東里の黄檗へのあこがれは失望に変わった。

禅の心は行住坐臥のふるまいに宿るといえば、きこえはいいが、書見を禁じるこの場所は、自分の居るべき所ではなかろう。書物を読むには、いっそこの山を下りたほうがよいと考えるに至ったといっていい。ある日、東里はこんな話をきいた。

「江戸に徂徠（そらい）なる者がいる。博学であり、文章をもって後進を誘い、新しい学問をやっている。唐音については、自分の右に出る者はいないと自負している。そういえば、貴僧の故郷は相模というではないか。徂徠先生のいる江戸はそう遠くなかろう。彼について学ばれては、どうか」

悟れば、はやい。東里はたちまち衣を翻（ひるがえ）して、黄檗山を去った。休むまもなく、江戸へむかったのである。いささかの、あてはあった。

その僧侶の名は、

――慧岩（えがん）

といった。江戸駒込の浄土宗蓮光寺の僧で、詩文にすぐれ荻生（おぎゅう）徂徠の門下ときいている。東里はこの僧をめざした。明治以後、東里についてふれた諸書はこの僧の名を「雄誉上人」としているが、この年、雄誉はすでに世を去っている。慧岩のことを誤り伝えたものと思われる。東里は慧岩のってでもって、徂徠先生に知遇を得ようとしたのである。

そもそも、東里は禅寺に入ったのがよくなかった。僧籍にあって書物を読むなら、ゆるい宗派がよい。いうなれば、

――浄土宗

である。この宗門は古来もっとも検束がゆるい。ばくち場をひらいて寺銭を稼いだり、遊女にいれあげたりして、身持ちをくずす不心得者もいたが、一方で、詩文に心をよせる学識ある僧も少なくない。

東里は慧岩をたずねた。蓮光寺はなかなかの大寺である。大垣城主戸田采女正(うねめのしょう)が開いた寺で、戸田氏は代々この寺を墓所としている。

「ほう。貴僧は黄檗山で唐音を学ばれましたか」

きくなり、慧岩は身を乗り出した。

やや本題から離れるが、江戸文人の中国への憧憬の強さは我々の想像を絶する。江戸の日本人は庭も書画も、かの国のものを尊んだ。だが鎖国によって渡ることは許されない。せめて石でも手に入れたい、ということになって、さかんに中国から石を輸入した。とくに太湖のほとりに産する、

――太湖石

が珍重された。庄屋ほどの者であれば、たいてい、ひとつはこの太湖石をもっており、庭石にするか植木鉢に置いて、大いに、これを愛でた。であるからして、

「唐音を知っている」

といえば、漢籍を訓めるほどの者であれば興味を持たぬ者はなかったといってよい。慧岩は唐渡りのめずらしい宝物をみるように、東里の顔をみつめ、

「しばらく、わが寺に杖をおかれてはどうか」

と、いった。

　蓮光寺での東里は、よほど変わっていたらしい。自室に経典を山と積み、朝から晩まで黙って読んでいる。食事を摂っているのかさえ、わからない。そのうえ、時折、素っ頓狂な声をはりあげ、

「わかった」

と、叫ぶのである。寺の者たちは、みな気味悪がった。

「あいつは齢十九にして大蔵経を全巻読破しようとしているらしい」

やがて、そういう噂がたった。

大蔵経はこの世にある一切の経典をあつめたものであり、五千余巻ある。一切経ともよばれ、古来、僧侶になる者は多いが、この大部の経典全集を読破するものは少ない。ただ、比叡山をひらいた伝教大師最澄は、十九歳にして、この大蔵経をすべて読破したと伝えられている。

とはいえ、東里には最澄と競うつもりはないようであった。僧侶となるうえは、この世にある経典をすべて読破せねば落ち着かぬ。ただその感情が彼を動かしていたにすぎない。

住職の慧岩は、そういう東里の姿に目を細めた。来客があるごとに、東里をひきあわせその精勤ぶりをほめたたえた。事実、東里の学びの姿勢は真摯そのものといってよかった。まず他人が驚いたのは、その博覧強記であった。単に物覚えがよいというのではない。平常、書物を読み、字句の解せないところがあると、東里は五年でも十年でも、それを憶えている。そして事にふれて、解がひらめくのである。ある種、異常な頭脳であるといってよかった。

「この者は五年ごし十年ごしで書物を読む。ただ者ではない」

慧岩は大いに面白がり、客があるたびに、そういった。そのうち、東里の噂が、当代きっての大儒にきこえた。

――荻生徂徠

である。

「ぜひ一度、その者に会わせてもらえまいか」

徂徠は慧岩に大学者にしては慇懃すぎる丁寧な口調でいった。

この時期の、荻生徂徠の思想史的重要性については、いささか説明を要する。

正徳から享保にかけて（一七一一～三六ごろ）、江戸の儒学界は嵐が吹き荒れていた。張本人は、徂徠であった。

「今の儒学は曲解されたものだ。わしが本物の儒学を教える」

徂徠はそのような過激な説を唱え、門人を殖やしていた。儒学を曲解したのは、宋代の学者・朱熹であり、その朱子学がまずい。

「今時の儒学は、宋の偽者学者の教えであって、孔子様の教えではない」

ともいった。うまい喧嘩の売りかたであった。徂徠の門に入れば、ほんものの儒学がわかるという仕掛けであり、門人を集めるには、これほどの殺し文句はない。事実、徂徠の塾は、門前、市をなす如くになった。

ゆらい、荻生徂徠ほど政治臭のある学者はいない。その性格は、学者というよりも派閥作りにたけた周旋家であった。生い立ちがそうさせていた。徂徠の父はのちに将軍となる徳川綱吉の侍医であったが、罪によって上総の茂原（もばら）に流されている。そのため徂徠は十四歳から浪人の子となり辛酸をなめた。身を立てるには、学問をせねばならない。草深い田野の地で、とぼしい書物を腹に抱えて、ひたすら励んだ。ゆがんだ野心が彼に宿ったのは、このときであり、二十五歳にして、ふたたび江戸にもどったとき、彼は幕府高官へのってが得られるよう芝増上寺の門前に塾をひらいた。増上寺は寛永寺と並んで将軍の菩提所となっている。その高僧の知遇をえれば栄達が可能なことをこの男は見抜いていた。そしてねらい通り、当時、飛ぶ鳥も落ち草木もなびくばかりであった柳沢吉保(やなぎさわよしやす)の儒臣となった。このあたりの手際のよさは、なみの儒者には、とうてい真似のできるものではない。生まれつきの政才というものが、この男には備わっていた。

ただ、彼にも弱点があった。肝心の学問のなかに、はったりがあったのである。徂徠は他人の学問を「曲解」とする以上、自身が儒教を「正しく」解釈してみせる必要があった。そこで、彼は、

「古文辞(こぶんじ)を研究せねばならぬ」

といった。古文辞というのは、明代の中国でいわれた概念で、中国古代の文章のことである。ほんものの孔子の教えを知るには、その時代に近い言葉、すなわち古文辞に通暁すべきである、というのが、徂徠の言い分であり、

「おれは唐語（中国語）がわかる」

と豪語した。とはいえ、徂徠自身は、それほど、唐語に通じていたわけではない。岡島冠山という元長崎通詞（つうじ）の中国語の達人がおり、彼を知恵袋として使っていたにすぎない。徂徠は岡島をつかまえておくことで、みずからを唐語の権威としての地位におくことに成功していた。

この時期の徂徠は、おのれの学派を伸張させるために、ひたすら動いた。諸侯・寺院あらゆる方面に出入りし、少しでも学問に興味をも

つ者がいれば誘い、とりわけ、若年の英才を探した。無名に埋もれている才能をさがし出しては門弟とし、おのれの脇をかためた。それゆえ、「経典をあまねく読み、そのうえ唐語を知っており、年はまだ二十」という東里の噂を耳にしたとき、徂徠は強い反応を示した。むしろ、のどから手がでるほど、欲しい弟子であったといった方が正確だろう。

徂徠は東里に会うや、さかんにその殊勝さを褒めた。だが、こうした若い才能に出会ったとき、けっして下手に出てはならぬことを、この老獪な学者は知っていた。東里にむかって、

「そのほう、漢詩が読めるというが、まずは、これを読んでみよ」

ともったいをつけ、一冊の書物を下した。李攀竜（りはんりょう）の白雪楼集であった。

「かしこまりました」

いうなり、東里はすらすらと読みはじめた。驚くべきことであった。李攀竜は古文辞学を唱えた明の学者であり、徂徠の学は、多分に、その受け売りでもって出来上がっている。李攀竜の文は擬古文であるから、二十そこそこの初学の者がすらすら通読できるようなものではなかった。徂徠は動揺した。

「もうよい。後日、国読の訓点をほどこして、返すように」

といった。なんのことはない。徂徠は自分が研究している李攀竜の国訳を、この天才児にやらせ、参考にしようとした。徂徠は損得勘定にたけている。人間関係においてもそうで、すべて自分にとって得になるように他人を動かす。だが、それをおもてに出さず、人付き合いをこなしてしまうところが、徂徠のずるさでもあり、大きさでもあった。そうとは知らず、東里は、生来の純粋さでもって、徂徠の期待にこたえようとした。夜を徹して、白雪楼集に訓点をつけ、またたくまに徂徠に呈上した。

徂徠は、その学才を激賞した。

「入門を許す」という。

東里は有頂の天に登った。そのうち、自分でも詩というものを作ってみたくなった。

しかし、日本人が漢詩を作るのは容易ではない。平仄（ひょうそく）を守り、韻を踏まねばならない。そのために作詩にあたっては、韻書とよばれる平仄韻を記した字引きを輸入し、いちいちそれをめくっては詩の文字を選んでいた。それもあって、日本人の作った漢詩は表現がかたい。長崎に来た唐人などは、日本人の漢詩をみると、鼻をつまみ「和臭がする」とさげすんだ。

だが、東里だけはちがった。東里は唐音を知っている。天馬が空を駆けるがごとく、自在に漢語の世界を往来できるのである。想えば、すなわち詩文となり、たちまちにして、十数首を得ることができた。

東里はそれをもって師の門をたたき、徂徠に示した。ところが、徂徠の反応は意外にも冷淡であった。徂徠は差し出された冊子を、半分ほど、めくっただけで、あとは見ようともしなかった。

徂徠にしてみれば、弟子に天才詩人などは要らない。自分のめざす古文辞学の一翼をになう忠実な学徒さえいればよかった。徂徠は、珠玉のごとき詩文のつまった冊子をめくりながら、その素晴らしさを黙殺した。そして、この天才児の恐るべき才能をなんとか自分の役に立つ方向にむける方法がないかと考えはじめ、目をあげていった。

「いやしくも、文章を学ぼうとする者は、左氏伝と史記と漢書を読むがよろしい」

東里は徂徠にいわれたとおり、くる日も、くる日も、左伝を読んだ。若いとはいえ、これほど手垢のついていない心をもった男もめずらしい。読むばかりでなく、左伝の序文まで作り始めた。左伝の文体を噛みしめ、まさに骨を換え胎を奪うがごとき序を書き上げ、それを持って、ふたたび徂徠にまみえた。

徂徠は一読して、

「善し」

と、ひとこと大声で言った。「後題をつけてやろう」といい、墨を磨らせて冊子の最後に、

――また昔日の阿蒙にあらざるなり

と、書き込んだ。徂徠はこういう芝居じみたことをする。阿蒙というのは無学を笑われた、いにしえの呂蒙のことであり、いうまでもなく、「昔のような無学者ではない、見違えたぞ」ということを意味していた。

東里は雀躍し、呂蒙の一伝を作って、徂徠に献じた。むろん、秦漢以前の経史子家の文章を思わせる古格のある文章を書いた。徂徠は、これを激賞した。ありったけの感情をこめてほめることを、儒学の世

界では、嗟賞（さしょう）というが、まさに嗟賞した。そればかりか、その場にいた満座の座客たちにむかい、

「みなさん。このようにしてはじめて、ほんとうに左伝を学びつくしたといえるのです」

と、宣した。東里はまったく徂徠の使徒となっていた。

ただ、これにより、東里の名声は都下に鳴り響いた。

だが、文名があがるにつれ、東里の心は落ちていった。むしろ、しこりのようなものが胸につかえて癒えず、ついに病に臥した。仏殿のうしろにある僧房に臥したまま、起き上がれず、ひたすら天井をながめ、ただぼんやりとしていた。明るい光線が射しこみ、机のうえをきらきらと照らした。そのときの光をもとめるように、東里は病で痩せ

こけた手を机にむかってのばした。たまたま手に、一冊子がふれた。なんとなしに、その冊子を翻すと、

――「孟子」の浩然の気の章

が出てきた。このことが、生涯を大きくかえることになった、と、彼自身がのちに語っている。東里は憑かれたようにそれをむさぼり読んだ。

「あえて問う。何をか浩然の気と謂う。いわく、言い難し。その気たるや、至大至剛。直をもって養いて害することなければ、天地の間に塞がる……」

　読むうちに、東里は電戟に撃たれた。それは浩然の気というものを感得したとしか言いようがない。おのれは何をくよくよと悩んできた

のであろうか。師に認められるとか、文名があがるとか、僧侶の修行をせねばならぬとか、そういうことが、取るに足らぬほんの小さなことに思えてきた。うつむいて必死に砂粒を拾っていてはいけない。ふと目をあげればそれだけで美しい大海がみえる。それまで自分はまったくそれに気づかなかった。

東里は叫んだ。

「道の広大簡易なる。かくのごとし」

この瞬間、彼のなかですべてのものが氷解したといってよい。東里には、禅寺に入って以来、考えつづけていることがあった。

「昔、婆子(ばす)あり、一庵主を供養し二十年を経たり、常に一人の二八女子をして飯を送って給侍せしむ。一日女子をして主を抱かしめて曰く、正に恁麼の時如何と。主曰く枯木寒巌に倚る三冬暖気無し。女子婆に挙似す。婆曰く我れ二十年祇箇の俗漢に供養せしかと。遂に遣出して庵を焼却す。これ如何」

老婆がいて、ある修行僧に庵を結んでやり二十年間世話をした。いつも若い娘に給仕させていたが、ある日、修行僧にその娘を抱かせようとした。娘に抱きつかれ「ねえ、こんなのはどう」と誘われた修行僧は「わたしは岩の上の枯れ木のようで暖かみはない」といい、娘をはねつけた。それを聞いた老婆は「わしは二十年もこんな俗物僧を養っていたのか」といい、ついに追い出して、庵も焼いてしまった。これをどう考えるか。それに悩んでいたのである。

――婆子焼庵

とよばれる禅門に伝わる公案で、古来、難問のひとつとされてきたものである。電戟に撃たれたとき、その解がくっきりと形をなして、たちあらわれた。晩年、東里は折にふれて、その解を人に語っていたふしがあるが、今日、文字として伝わっていない。だが、なんらかのこだわりが、この男から落ちたのであろう。東里は、

――還俗（げんぞく）

を決意した。

しかし、それは許されることではない。なにより母親のことがあった。母は東里が高徳の僧になるのを望んでいる。信心深い母は東里が僧籍に入ったことを誇りにしているうえ、長年連れ添った夫をなくしたばかりである。日々、位牌に手をあわせ、

「孫平（東里）が僧になってくれたおかげで、あなたも極楽往生ができますね」

と、語りかけ、涙を流しているという。

「一子、出家せば、九族救わる」

というのは、東里にとって俗言にすぎないが、母にとっては現実のすべてであった。


ともかくも、東里は郷里に帰った。足どりは重かった。「還俗したい」といったが、やはり、母は許さなかった。いや、「許さぬ」と声に出していってくれれば、まだ気は楽であった。母は東里の口から還俗の二文字をきくなり、呆けたようになり、畳に顔をおしつけ、ひくい嗚咽を漏らしつづけた。

「おまえのような子が学者などして食べてゆけるはずがない」というのである。

みかねて、伯父がよばれた。いささか学問があり、江戸の詩壇における東里の声望も聞き知っていた。この伯父が口をひらいた。母の肩に手をあて、優しくこういった。

「僧というのは世を捨てねばならぬ。子を僧にするということは、子をこの世から捨てるということじゃ。親が救われんとして、子を捨てる。考えてみれば、むごいことではないか。孫平は今、還俗せんと欲している。いったん、捨てた子が、また、この世にもどってくるのだ。いうなれば、一子を挙げるようなものではないか。わしからも頼む。還俗の願いを聴き入れてやってくれ」

そのとき、ひたぶるに肩を震わせて泣いていた母の動きがぴたりととまった。東里は還俗を許されたのである。蓮光寺の慧岩は、すこぶる鑒識（かんしき）があった。

「還俗する」

という東里の唐突な申し出にも、まったく顔色を変えず、

「ならば、寺中の別舎で、髪をのばされるがよい」

と応じ、東里のために一室まで用意した。そこで毛髪の伸長を待ち、髷（まげ）が結えるようになったところで、寺を辞去すればよいといったのである。

この時代、まだ還俗への、世間の目は厳しい。いちど仏の弟子になると約したものが、それを違（たが）えて俗にもどることはばちあたりとされ

た。ゆえに人家で髪をのばせば、ややもすれば、あざけりをうけた。還俗する者の家に石つぶてを投じるなどは、日常のことであった。慧岩は、そこのところを、おもんばかって、東里を寺中においたのである。

復飾をはじめた東里は、ますます書を読んだ。「刻苦すること、これ日も足らざらんとす」と、記されている。

だが、東里の還俗への石つぶては、意外なところからきた。徂徠であった。徂徠は東里が還俗するとき、不快感をあらわにした。彼からすれば、東里はいつまでも僧院にいてもらったほうがよい。諸宗の僧と交わり、唐音を研究し、漢籍に注釈をつけ、徂徠学を陰で支えてもらえれば、それでよい。徂徠にとって東里の利用価値はそこにしかない。還俗されてしまえば、元も子もないのである。だが、この学者はずるい。そんな本音はおくびにも出さず、師弟の道義というとってつけた理屈でもって、東里をせめた。

「なぜ、わしに相談しなかったのか。還俗し学者として身を立てるというなら、まず、師である自分に謀ってから為すのが、ものの順序ではないか。しかるに、髪を蓄えること、すでに百余日、坊主頭に蓬髪をはやしておるとは何事か」というのである。

徂徠が怒っていると聞き、はじめ、東里は信じなかった。

「徂徠先生が左様なことをいわれるはずがない」

この自分が還俗する。ただ、それだけのことで、師はなぜ怒るのか、それがわからなかった。しかし、師の怒りはまことであった。東里はあわてた。全身全霊をこめて弁明の文章をしたため、師に送った。情にうったえ理をつくした超絶の名文であった。だが、それはかえって徂徠の怒りに油をそそいだ。

「あの小僧。おれに駁（ばく）してきた」

と、門弟の太宰春台（だざいしゅんだい）、山縣周南（やまがたしゅうなん）に、はきすてるようにいった。怒りのさなかにあっても、この男は組織力を活用することを忘れない。日ごろから筋目にうるさい太宰春台が憤懣（ふんまん）の情をあらわにしているのをみて、

「春台。おまえが反駁せよ」

と、命じた。あろうことか、徂徠は自らは手をくださず、門弟たちに東里をなぶらせた。徂徠一門はよってたかって、東里の排斥をはじめ

た。

東里が驚きの挙に出たのは、そのときであった。一日（いちじつ）、東里は竈に火をおこし、作るところの文章をすべて、火中に投げ入れた。一時とはいえ、徂徠の虚名をたのみ、文名をあげようとしたおのれを恥じたからである。

この焚書により、慶元以来、絶後の名文といわれた彼の詩文はすべて失われた。この国の文学史をおもえば、天をあおぎ、歎息するほかない。

だが、話は終わらない。東里の真の生き方がここからはじまるのである。

東里は途方にくれた。寺を出ても行くあてがない。あらためて、荻生徂徠の隠然たる力を思い知らされた。徂徠に睨(にら)まれてからというもの、朋友は、あれこれと言って、自分から遠ざかっていった。もとより、還俗の身で、家郷には戻れず、もはやこれ以上、住職の慧岩の世話になるわけにはいかなかった。

東里は進退きわまった。僧房の窓辺にたたずむと、うつくしい夕焼けの空がみえた。雁の群れが連れ立って、空を渡ってゆく。飛んでゆくその姿は規則的であり、明確な行き先が感じられた。

(鳥には帰る巣がある。私には帰るところがない。このひろい天の下、わが身を容れてくれるところは、一寸たりともないのだ)

そう思うと、さすがに涙がこぼれてきた。

不意に、東里をよぶ声がした。「客だ」という。あわてて身支度し、庫裏（くり）に出ると、六十がらみの、眼光炯々（けいけい）たる老武士が居ずまいを正して待っていた。見覚えがあった。

東里がこの寺に転がり込んだばかりのころ、小さなとむらいがあった。なんでも四つばかりの幼女をなくしたとかで「荷玉涼月童女　享年四」と、刻まれたささやかな墓石が寺の片隅にできた。その老武士をみたのは、そのときがはじめてであった。老武士は端然と座っていたが、かたわらにいた若妻の悲嘆ぶりがまことに痛々しく、寺の者がこうささやいたのを憶えている。

「細井殿もお気の毒なものよ。あれほどの御器量ながら、浪人のお暮らし。禄を放たれてから困窮され、お子さまを亡くされるのは、これで三人目ときいた」

東里は、このときはじめて、貧苦のなかで娘を亡くしたその浪人が、――細井広沢（こうたく）であると知った。細井は天下一、名高い浪人である。この世に存在するあらゆる武士のなかで、この男ほど、文武の道に練達した者もいない。とくに唐様の書にすぐれ、禁裏御所（霊元天皇）がこの細井の筆跡を渇望し、都からわざわざ取り寄せたことは、つとに知られている。さらに義人としての名も高い。あの赤穂浪士たちも、この細井広沢には、事前に、討ち入りの計略をもらした。浪士たちは細井と相談を重ね、義士たちが吉良邸の地面に突き立てた「浅野内匠頭家来口上」も、彼が筆をいれたものである。

その程度のことは、いくら世事にうとい東里でも知っていた。その細井が自分を訪ねてきて、いま、まごうことなく目の前にいる。

もともと、細井は権勢比類なき柳沢吉保の臣であった。二百石の堂々たる鉄砲頭であった。しかし、あることから、細井はおのれの筋を通して、その身上を一日にして捨てた。

——義侠

という言葉は、この男のためにあるといっていい。

そのいきさつは、東里もきいている。細井の知人が浪人して窮した。仕官の口をさがしてくれという。細井は一肌ぬぐことにした。この知人は獅子王という名剣を所持しており、側用人(そばようにん)松平右京大夫の家老に紹介すると「その名剣を献上すれば仕官の媒(なかだち)をする」という。知人はやむなく、名剣・獅子王を献上した。ところが、いくら待っても、音沙汰がない。思いあまって、細井が談判にいくと、右京大夫はこういった。「そんなことは知らぬ。仕官を約束した家老はすでに死んだ。そんな話なら剣は返す」。言い逃れだ。明らかに士道に反していた。細井は怒った。「大名は士を愛するものである。しかるに浪人の身の上をおぼしめさず、道具を借りて飽きたら知らぬ、とは何事か。知人は浪人しながら一日千秋の想いで三年も待ったのだ」。細井は大名である右京大夫にむかい、屋敷中に響きわたる大音声で、

「右京大夫殿！　ならずのことをなされ候」

と、一喝して去った。当然、ただではすまない。右京大夫のやり口は、いやらしい。細井の主君、柳沢吉保に手をまわした。柳沢もずるい。

大名である右京大夫の顔をたてて家来の細井を捨てることにした。細井はそういう主君の性格をよく知っている。いわれるまでもなく、主家に累が及ばぬよう、みずから柳沢家を辞した。以来、細井は浪人の身となっている。

「そのとき細井先生は引っ越しの金もない。兄嫁から借りられたそうな。柳沢のご家来衆といえば、諸家からの届け物で肥え太っておるというに、まったく清廉なことじゃ。あわれなのは奥様のほうよ。貧しさのなかで、幼いむすめが一人死に二人死に、これで三人目じゃ。先生が小さな墓のまえで、手を合わせておられるのをみると、わしは悲しゅうてならん」

寺の者がそういっていたのを、東里は、はっきりと憶えている。その細井先生が自分になんの用事であろうか。

そもそも、東里の師、荻生徂徠を世に出したのは、この細井のはずであった。細井は三十一歳まで巷間でくすぶっていた徂徠の学才を見抜き、柳沢侯に推挙した。十五人扶持で召し抱え、嫁まで世話をした。ところが、細井が放逐されるにあたり、徂徠は救いの手をさしのべるどころか、知らぬ顔をした。いまや、徂徠は五百石で柳沢家にあり、彼を推挙したはずの、細井は素浪人となって、貧苦にあえぎ、幼い娘がばたばたと死んでいる。

実のところ、徂徠にしてみれば、細井ほど煙たい存在はなかった。最初からして、そうだった。徂徠が柳沢吉保にはじめて目見（まみ）えたとき、仲をとりもったのは細井であり、気のいい細井は、主君のまえで、さかんに徂徠の漢詩を誉めた。すると柳沢吉保が花瓶の花を指さし、いった。

「ならば、あれなる花を詩に詠んでみよ」

徂徠は困った。下手に詠めば、底をみられる。それは避けたい。めざとい徂徠は花瓶の花が造花であるのに気づき、咄嗟にいった。

「あれは造花でございます。いにしえに造花はありませぬゆえ」

いにしえの唐土に造花はない。ゆえに漢詩に詠むものではない、という理屈で逃げようとした。ところが、細井にそういう機微は通じない。「ない物を詠むのが、文学というものであろう。殿の仰せである。詠んでみよ」と無邪気にいった。しかたなく徂徠は顔から汗を噴きながら漢詩を作った。出来たのは愚にもつかぬ駄句であった。万事、こういうかんじで、徂徠は、細井を恨めしく思っていた。しかし、細井のほうは何とも思っておらず、浪人してからも、屈託なく、徂徠のところにやってくる。

「書物を板行するすることになった。ついては高名な貴殿の序をいただきたい」などといい、徂徠との交誼も絶やさないらしい。

東里は、おそるおそる細井のまえに座った。ところが、東里の顔をみるなり、細井は額を床にこすりつけるようにしていった。

「中根殿。折り入って、お願いがござる。きけば、貴殿は還俗されるとか。しばらく拙宅に逗留していただけないか。むろん、貴殿さえよければ、で、ござるが」

「……」

滑稽といえば、これほど滑稽なこともあるまい。齢六十に到らんとするこの国最高の書の大家がやってきて、二十そこそこの若者のまえに手をつき、七重の膝を八重にも折って、「わが家に居候してくれ」と、懇請するのである。申し出はありがたかったが、東里には、なんのことだかわからない。

「されど、それがしは一文なし。ご厄介になるわけには」

「中根殿。なんと申される。賓師(ひんし)を招くのに飯代をとる道理が、どこにあろう。わが家はあばら家であるが、そのあたりのご心配にはおよばぬ」

いうまでもなく、これは慧岩のはからいであった。住職の慧岩は東里を案じ、ひそかに細井に相談をもちかけた。細井は東里の超絶の文才を知っていた。窮している者を放っておけぬのが、細井の性分である。徂徠の一門から、ひどい仕打ちをうけているとき、あわてて飛んできたのである。

結局、東里は、細井のところに転がりこんだ。細井の家は本郷にあった。まったくの、あばら屋で、子どもがいて、時折、わっと声をあげて泣きじゃくる。ふつうに考えれば客を連れて来るようなところではなかった。

しかも、細井は家に着くなり、なにやら人の名を長々とかきつらねた巻物をとりだし、筆をとって末尾のところに、

——中根孫平

と、いきなり、東里の名を書きこんだ。東里が唖然としていると、

「ああ、これか。交友帖じゃ。書は心を画くという。不潔の友とまじわれば、心が汚れて、美しい書はかけぬ。それゆえ、心正しき友をみつけるため、こうして書き連ねておるのじゃ」といった。細井の奇癖の一つらしかった。

細井の家にきて驚いたのは、その蔵書であった。室内には、拓本・金石文はもちろんのこと、満洲文字まで、あらゆる書跡と文字が、そこにあった。それだけではない。細井はラテン詞というものまで知っていた。どうしたものか彼は長崎から西洋の天文測量術の智識を仕入れてきており、星座と十二ヶ月の名前ぐらいは、阿蘭陀(オランダ)詞でもラテン詞でもいえた。

「正月はヤヌワーリであり、二月はヘーブルワニである。世界を四つに分かつ時は、アジヤ、ヱロッハ、リミア（アフリカ）、アメリカであり、五つに分かつときは、アメリカを南北に分ける。西洋の一フウトは本朝の曲尺（かねじゃく）一尺二分にあたる」

客がくると、そういうことを普通にいった。のちには、その智識を『測量秘言』なる秘密の書物に記している。話がそれるが、この細井の書物は写本のかたちで伝わり、明治以後、京都帝国大学文科大学の初代学長・哲学者の狩野亨吉（かのうこうきち）の知るところとなり、ようやく平成の今になって翻刻がなされた。著者もそれをみたことがある。ともかくも、細井の思惟のひろがりは広大であり、これに比べれば、荻生徂徠など遥かに小さいかもしれなかった。

東里は、この男に接するほど、その正体がわからなくなった。

朝夕の二度の食事はいたって質素で、酒も飲まない。鰹のさしみがあるときだけ、塩酒をすこし飲む。ただ異常な蕎麦好きで、三日に一度は蕎麦を食べている。いちばん解せないのは、細井が少しも寝ないことであった。終夜、読書し、著述をし、暁ちかくなってから寝に就く。ところが日が昇ると、ちゃんと起きていて、また書見をしているのである。誰に教えるというでもなく、また書をかくといっても、それで金品を得ようというのではない。どこかの大名に仕官する気すらないようであった。ただ、好物の蕎麦をもってこられると弱いらしく、字を書いて渡し、蕎麦をもらっている。家の下僕が米や薪炭を盗んでも、細井は「わしのところだから盗んだのだろう。かまえて叱るな」といい、放免したという。東里の目からみても、細井は変わり者であったが、それだけに、その言葉には不思議な魅力を感じた。とくに話が人としての節義におよぶとき、どういうわけか、聞く者はみな、この男の話に、涙を流しはじめるのである。

これほどの人物がなにゆえ、このような暮らしを続けているのか。一度だけ、思い切ってきいてみたことがある。

「先生は、学問、書、剣、槍、弓馬、柔術、鉄砲から天文測量にいたるまで諸芸の達人でいらっしゃいますのに仕官はなさらぬのですか。あまりに、もったいない気もしますが……」

すると、細井は意外な顔をした。

「中根殿は、そう思われるか。わしは書きたいから書をかき、読みたいから書を読む。それでよい。それが技の道であると思っている。技をきわめれば道がみえてくる。技が上達すれば、おのれのために役立てようというのが、当世の流行だが、わしは技を暮らしのたづきにせぬときめた。『技をもって道とし、道をもって技となす』。その生き方に徹したいと思うておる」

そういって、優しく、ほほ笑んだ。

たしかに、そうであった。芸術というものは、それ自体に美しさをもっている。芸術によって、おのれが何かを得ようとするのは、まちがっている。詩文の才をうたわれ、東都で文名があがったとき、自分も道を踏みちがえそうになった。そのときはもう無我夢中であった。孤独の身が生まれてはじめて、世間に受け容れられたのが嬉しく、さらに人に認められようとして、詩作を繰り返していたようにも思う。

変な功名心に駆られたり、仕官の口を得ようとしたわけではないにせよ、純粋に考えれば、それは芸術への小さな冒瀆であったろう。

（いつまでも、ここに居つづけるわけにもいかぬ）

本郷の細井宅にあって、東里がそう感じはじめていたとき、思わぬ誘いがきた。

詩文の天才児がいるときききつけ、おなじく本郷の加賀屋敷から東里に書状が届いたのである。差出には、

――室（むろ）新助

とあった。室新助、鳩巣（きゅうそう）と号している。幕府に仕え、徳川吉宗の政治に影響を与えるが、本来、加賀藩の臣であった。

「それがしは近く、金沢に下る。それがしと共に行かぬか」

というのである。

当時の加賀藩は日本一、学者さがしに、めざとい。なにしろ藩主が前田綱紀（つなのり）、当代随一の学者大名であった。綱紀は収集癖が強い。彼にとって学問とは「蒐（あつ）める」ということであった。

近代の欧羅巴（ヨーロッパ）は、百科事典・動物園・博物館・百貨店を生み出し、小さな空間に世界の森羅万象をとじこめる道具だてをはじめたが、綱紀の思想はそれに近かった。加賀百万石は、その富力でもって、国内外の珍書典籍を買いあさり、彼一流の目利きでもって、人もあつめた。室鳩巣も、彼によって「蒐集」された一人であり、わずか十五歳のとき、加賀藩に召し出された。加賀藩は室鳩巣をつかって儒林に目をくばり、さかんに文人をあつめている。そしてなにより、鳩巣は、東里を追放した荻生徂徠への最も有力な反対者と目されている。

しかし、細井のもとにいるうちに、荻生徂徠とのことは、どうでもよくなっていた。東里はただ、一つのことを念じた。

「加賀には書がある。読みたい」

「加賀は天下の書府」とよばれた。新井白石の言であり、事実、そうであった。幕府のひらけぬ加賀は、書物の府をひらいていた。「書物は加賀へ持っていけ。高く売れる」というのが、そのころの学者や書籍商の常識となっており、天下の書物は加賀にあつまった。東里の体のなかに、それを読み尽くしたいという熱い想いがわいてきた。

正徳六（一七一六）年の正月、二十三歳の東里は、五十九歳になった室鳩巣に従って、金沢に下った。

鳩巣は、その人となりといい、学風といい、
――端正
としか、いいようがなかった。容貌は少しく眉毛が垂れており、それがおかしかったが、荻生徂徠や細井広沢のように、語り口に妙味はない。

とはいえ、鳩巣の詩文の冴えは、常人の及ぶところではなかった。撰文のたしかさは学敵である徂徠さえも認めていた。

かつて徂徠の弟子に平野金華（きんか）という、いたずら者がいた。東里も知っており、生来、奔放で詩に優れた男であった。この平野が「鳩巣とやらの腕前をみてやろう」と、いきなり鳩巣を訪ねていき、得意の自作を示し、添削を請うたことがある。はじめ鳩巣は固辞したが、平野

が強いると一覧し、すぐさま二十字を削り五字を加えて、平野に返した。平野はそれが面白くなかったらしい。「添削前のほうがよい」といってもらいたくて、徂徠にみせたが、徂徠は鳩巣の添削をみて、うなった。一分のすきもなく、添削されていた。

鳩巣の学識は、それほどのものであったから、東里の金沢行きが決まったとき、細井広沢は歓喜した。

「中根殿は天から下された詩才がある。鳩巣殿に磨かれれば、詩文においてどのような高みに達せられるか想像もつかぬ」

と、目を輝かせた。

鳩巣は「程朱の学」つまりは朱子学の大家だけあって、なにごとも、かたちを整えておかねば気がすまぬ性質らしく、東里が入門したときも、まず、こういった。

「僧籍にあっては証円と名乗られていたようだが、これからは、どうされる」

「元の孫平にもどるつもりですが」

「孫平も良き名であるが、いますこし武士らしい名は、いかがであろうか。実は名を考えてみた。貞右衛門と通称されては、どうか。貞は正なりという。正しい道に帰するの意で、貞右衛門。貴殿は還俗して正しい道を得た。論語にも、君子は貞にして諒ならず、とある。なにより、貴殿には、ぶれがない。まっすぐ立って、節をまげない。これを貞といわずしてなんといおうか。貞右衛門と名乗られるがよかろう。金沢では、何も心配することはない。ただ学問さえすればよい」

その言葉をきくうち、東里のなかに熱いものがこみあげてきた。
「もったいないお言葉です。わたくし、多年の念願が叶（かな）いました。水汲みでも、飯炊きでもなんでもいたします。先生のもとにおいてください」

そういいながら、おいおいと男泣きに泣いた。

こうして、東里は貞右衛門となった。鳩巣は東里を弟子にできたことがよほどうれしかったらしく、友人知己に、命名のいきさつを書状にしたため、送っている。

ただ、口ではやるといっておきながら、東里は、鳩巣のところで水汲みも飯炊きも、しなかったらしい。というより、東里にそのような雑用をさせるのは無理であった。あきれるばかりの学問好きで、とても用事などいいつけられない。

「毎朝起き候と静座して、四書を読み申し候。泥塑人の如くに御座候」

と、鳩巣はその書状に書いている。東里は毎朝起きると、すぐに静座して、四書を読みはじめ、蚊が刺そうと、蝿がたかろうと、じっとして動かなかった。

――あれは土人形なのではないか

金沢の人々は、東里のことを面白がったという話が伝わっている。

そういう東里を、鳩巣は、たいそう可愛がった。

ともかく東里は恐るべき研鑽をはじめた。それによって、東里の学識は絶頂をめざしはじめた。当然のことである。東里は少年期に黄檗山に入って、中国僧から漢学の手ほどきをうけた。最澄のごとく十九にして経文を読み尽さんとし、荻生徂徠について古文辞を学び、西洋天文学を知る細井広沢と暮らした。さらに当代きっての学識者である室鳩巣について、正統の学問までおさめたのである。いずれも当時、最高の学問であり、その神髄がこの天才にすべてそそぎこまれていったのは、ひとつの奇跡というほかない。

そのため金沢では、東里の評判が高まり、御儒者として召し抱えるという話が、ちらほら囁かれはじめた。「あれほどの才能を他藩にとられるのは惜しい。はやいうちに、おさえておいたほうがよい」と、いうのである。もとより、鳩巣もその考えで、金沢に連れてきたのも、いずれ加賀藩に仕官させるためであった。

だから、鳩巣は東里に仕官をすすめてきた。だが、東里にその気はない。

「自分には仕官の気はありませぬ。学問をして禄をもらうわけにはいかない」

と断った。

はじめは、鳩巣も謙遜であろうと思っていた。若者にありがちな口気とみて、気にしなかった。金沢で、人と交わるようになれば、その気もかわるだろうと、高をくくっていた。ところが、一向に変わらない。手をかえ、品をかえしても、東里は仕官の話に肯(がえん)ぜない。次第に、焦りをみせてきた。

東里は、ここにいては仕官の話を受けざるをえなくなる、と感じた。

とうとう、師によばれた。

「貴殿は仕官はせぬ、というが。どうするつもりか」

「江戸へ帰るつもりです」

「帰ってどうする」

「書を読みます。まだ納得できるまで、読んでいないのです」

「では、納得できるまで読めば、仕官するのだな。それまで待とう」

「いいえ。生涯、仕官はいたしません」

鳩巣は啞然とした。

「何をいうか。どうやって書を読みつづけるのか。喰うてはいけぬぞ」

たしかに、そうであった。農村ならともかく、江戸は繁華な都市で、諸色の値が高い。東里は頑たる性分で、生来、口下手である。あの徂徠でさえ、江戸で学塾をはやらせるのには苦心していた。東里にそんな器用なことができるはずがなかった。野垂れ死にするのがおちであろう。ところが、東里は、きっぱりいった。

「履物を作って売ります」

「……」

「朝晩、書を読み、食が尽きれば、路傍で履物を作って売ります。銭が得られれば、それで稗粥（ひえがゆ）をすすって、また書を読みます」

（これは本物の阿呆ではないか）

と、鳩巣は思った。

この時代、履物は路傍の粗末な小屋がけで売られていた。喰いつめた独り身の男や老人が、町に拾われ、木戸番をするかわりに、履物を売らせてもらっており、儒者や武士が、それを生業とするなど、考えられぬことであった。鳩巣は正統派の天下の鴻儒であるだけにかえって、貴賤意識がつよい。

「人にはそれぞれ分というものがある。儒者は儒者として君国に仕え、仁の心でもって、民を安んずる使命が、天から与えられている」と考えていた。履物を売って稼ぐのは、私利をはかることであり、君子のすることではない、というのである。では、履物を売って稼ぐ庶民から取り立てた俸禄で、みずからが暮らしているという矛盾を、どう説明するのか。「仁は皆の幸せを考えるが、利はおのれの幸せのみを考える。皆の幸せを考える仁者が上にいたほうが世が治まるから、雲が上にのぼり、泥が下にしずむように、天の理として身分の秩序ができている」と鳩巣はいう。だが、東里は、

「それは詭弁ではないか」

と、思うようになっている。

だから、師弟の話し合いは、どこまでいっても交わらない。

「他人のことを、とやかく言うつもりはないのです。ただ、わたしは、おのれの力で食らい、人から、びた一文受けるのも、いさぎよしとしない。そうした生きかたに徹したいのです」

東里はまっすぐに、鳩巣のほうをみた。あまりに美しい。透き徹るようなまなざしであった。それはまるで重い鼎(かなえ)が鎮(しず)まって正しく屹立(きつりつ)

しているような不動の姿であった。

　鳩巣は、ついに折れた。

「もう仕官の話はせぬ。好きなようにせよ」

　そして、こうもいった。

「あなたは染まらぬ御仁だ。まわりが黒くなろうと白くなろうと、ちっとも染まらない。かといって、人とあらそうわけでもない。不思議なお人だ」

――強項にして屈せず、縝黙（しんもく）にして競わず、能（よ）く磨涅（までつ）の中に処して、更に緇磷（しりん）の損なし
　のちに、鳩巣は、東里のことを、このように評している。

　鳩巣は東里のことを「硬い玉のようだ」と思った。世の中で蹴飛ば

され、土石ばかりのザラザラの地面を転がされれば、たいていの玉は澄明な光を失ってしまうが、東里には「擦(す)れる」ということがまったくない。むしろ、苦労すればするほど、心が磨かれて美しくなる。若い頃の苦労で人間が駄目になっている荻生徂徠とは大違いだ、と鳩巣は感じている。

「最後に、これだけは君に言っておきたい。君は詩を捨ててはいけない。文辞に拘泥して、詩を失ってはならん。詩は辞に拘(こだ)われば、理屈に落ちて品なし、情に発すれば、意志を含みて品あり。このことを覚えておいてもらいたい。情に発した詩は天の意志に通じ、万人の心をうつ。人として生きて、詩をのこすほど崇高で美しいことはない」

鳩巣のこの言葉を胸に、東里は、金沢を去った。

中根東里は異端の儒者であった。天下の鴻儒、室鳩巣に認められながら、

「学問をして禄をもらうわけにはいかぬ」

といい、そこから飛び出した。加賀百万石の御儒者への仕官の道を、みずから捨てた。

「あれは、あきれ果てた変人である。どうやって喰うていくのだろう」

友人は噂した。本気で心配して、行方をさがすものもあったが、どこへ行ったのやら、杳として知れない。

それも、そのはずである。東里は、江戸は八丁堀のきたない裏長屋

に居て、虱（しらみ）にたかられながら、誰にも会わず、ひがな一日、まんじりともせず、本を読んでいた。金沢にいたときと同じように、日に二度だけ、突然、ぴくりと動き、飯を喰い、大小便をだした。それが終わると、また読みはじめる。

まるで読書をする機巧（からくり）仕掛けのようで、とても人間とは思えず、あまりに不思議なものだから、あるとき長屋の者が近寄ってきて訊いた。

「あんたは、一体、なんのために、そんなに本を読みなさるのかね」

すると、東里はおもむろにおもてをあげ、

「わたしが本を読むのは、きっとこの人生を満たすためでしょう。欲が深いのか、本を読んでいなければ自分が保てない。うまいものが喰いたくなったり、銭がなくなるのを心配したりしてしまうのです。

でも、ほんとうは、いたずらに本を読んで娯しんでいるだけではいけない。もっと思索しなくてはいけないことをしたときに、恥ずかしいと思える。本を読んだだけで、人格を完成できる人は素晴らしい。そこまでいかなくても、本を読むと、いけないことをしたとき、恥ずかしいと思えるようになる。わたしのように、本をただ読んで娯しむだけではいけないのですが……」

などといった。

だが、そのうち、たくわえが尽きてきた。ついに、東里の米櫃は、ほとんど空っぽになった。餓死が近づいてきていた。

助力を請うあては、あった。本郷にいる細井広沢と蓮光寺の慧岩である。この二人は東里が戻ってきたと知れば、喜んで迎えいれてくれるだろう。しかし、そこは頼らぬときめている。二人の厚意に甘えることもできようが、それはしないと決めた。東里は、さらに本を読み続けた。

（すぐには、死にはすまい。水だけを飲み、本を読もう）

と考えた。

ところが、奇妙なもので「死ぬかも知れぬ」と心にきめて、好きな読書をはじめると、案外、不安がなくなってきた。やはり、楽しいのである。

「水を飲んで愉しむものあり。錦を着て憂うるものあり」

そういうつぶやきが、自然と口をついて出た。水を飲んでも、生は楽しめる。また、錦の衣を着ても不幸からはのがれられない。

そうはいっても、このまま死ぬわけにはいかない。

東里には弟が一人いる。もともと兄弟は多く、父が死んだとき、その臨終の枕もとには弟が四人、姉が一人いたが、彼らは次々に死に絶え、いまでは弟一人と姉一人しかのこっていない。この姉はしっかり者で、浦賀の小役人に嫁ぎ、東里の母も、そこに身を寄せているので心配はない。

ところが、一人生き残った弟というのが、無器用な東里の目からみても、おそろしく世渡りが下手な男で、気がかりの種であった。この弟は名前だけは儒者風に、叔徳（としのり）といったが、あまりに朴訥で無口なため、稼ぎもままならず、鎌倉でわずかな賃銭を得ながら喰うや喰わずの暮らしをしていた。

何を思ったか、東里は米櫃の底にのこされた最後の米粒を掻きあつめ、鎌倉にむかった。そして、弟とともに、鶴岡八幡の鳥居下で、

――下駄

を鬻(ひさ)ぎはじめた。由比ヶ浜などから流木のかけらをひろってきて、下駄に仕上げ、参道のわきにならべて、参詣者に売るのである。

室町のころまで、この国の人々は社寺の聖域に立ち入るとき、下界の穢(けが)れを境内に持ち込まぬため、履物を脱いで裸足になることが多かった。江戸期に入ってもその名残りがあり、信心深いものは門前で履物を買いかえる。そのため、社寺の門前では履物が売れた。

「鳥居下で下駄を売る」

と言い出したのは東里のほうであった。弟は即座に顔をしかめた。こ

の時代、路上の履物売りは、町のなかでもっとも蔑まれていた。

「兄上には学がある。御医者をすればよろしいではありませぬか」

といった。「なにも履物を売らなくても」という気持が、その口ぶりにはあらわれていた。

たしかに、そうであった。そもそもこの時代、医書を読みこなせるほどの士大夫が、路上で下駄を売るのは、考えられぬ話であった。

さらに、東里の父は医者であり、彼ほどの学識者は、鎌倉中はおろか、江戸をのぞけば関東一円をさがしてもいない。医業をはじめれば、流行るのはわかりきっていた。弟の言い分は当然といってよかった。

だが、東里は決然といった。

「わたしは病を治せない。それははっきりしている。たしかに医業をひらけばわれわれの暮らしは楽になろう。だが効きもせぬ薬を授けて、薬礼をとるのは、人を欺くに等しいと思う」

生来、正直者の弟は、なるほど、という顔をした。

こうして、この兄弟は下駄を売りはじめた。素人の作った下駄はそう高くは売れない。二人ともすぐに客につけこまれて、せっかく丁寧に作った下駄を二束三文に値切られる。厳しい日々であった。

一日に一足売れれば、銭二百文ほどになって、その日は飯が食える。しかし、雨天が続き、下駄が一足も売れなくなると、飯にありつけず、ひたすら空腹にたえなくてはならない。

ただ、そのうち、評判がたちはじめた。

「漢籍を読みながら、下駄を売っている変わり者がいる」

面白がって下駄を買う者も出てきた。寒風吹きすさぶなか粗衣をまとって路上に座り続けると、身も心も凍えたが、ようやく粥ぐらいは、すすれるようになった。

ちょうど、そのころのことである。東里の長屋の隣にいた男が、気味悪く咳こむようになり、ついには起き上がれなくなった。病に臥した男は、医者にかかる薬代はおろか、粟飯も買えない。長屋の住人は、なべて貧しく、はじめのうちは近所のよしみで、飯炊きの世話などもしていたが、資力のないものの悲しさで、そのうち寄り付かなくなり、コホコホと男が咳をするのを、外から気の毒そうに聞いている。

東里は、いたたまれなくなった。急いで粥をこしらえ、男のもとに運び、匙ですくって男の口元に運んで食べさせようとした。けれども、男は食べようとしない。うつろな目をあけて、東里にこういった。

「おらは銭がねえから、どのみち死にます。それは先生が食べてください。先生はむかし、お坊様であったと聞きました。おらが死んだら、どうか経文をあげて、後生のとむらいをお願いします……」

愕然とした。この男を死なせてはならぬ、と思った。

それは理屈ではなかった。急いで駆けもどり、いきなり、おのれの衣服と典籍のすべてを、風呂敷に包みはじめた。弟がただならぬ気配に気づいた。

「兄上、何をなされる」

「あの男は、このままでは死んでしまう。薬餌(やくじ)さえあれば、生きるのぞみもあろうに。着物と蔵書を質に入れて金をつくる」

「それだけは、おやめください。わたしの衣服ならすべて売ってしまってもかまいません。その書物はこの十年、兄上が丹念に写してこられたものではありませぬか。なにも、そうまでして、他人に恵まなくても……」

弟は懸命にとめた。書物を失った兄の暮らしなど、どうにも想像できなかったからである。だが、東里はやめなかった。

「人のいのちは、書物よりも尊い」

そう言い張り、とうとう、着物と蔵書のすべてを質入れして、銭に換えてしまった。

東里の死後、弟子によって『東里先生行状』が編まれたが、

——適々(たまたま)居を同じゅうする者に、病めるあり。貧しゅうして薬餌を供

するなし。先生ことごとく経籍・衣服を典売（てんばい）し、もって之に資す。

と、記されている。

　書物で埋め尽くされていた東里の狭い部屋は、むなしく広くなった。読書ができなくなった東里は、夜ごと、美しい月を眺めた。長屋の古びた畳のうえに静かに座り、窓からさしこむ月の光を浴びていた。弟が声をかけた。

「すっかり、ひろくなりましたね。あの男は、兄上のことを手を合わせて拝んでいました。命の恩人だと。しかし考えてみれば、わたしたちにとっても、あの男は恩人かもしれない。欲に克（か）つ、きっかけを与えてくれたのですから、そう考えることにしました」

「わたしもそう思う。学問は道に近づくためのもので、書物をたくわえるものではないと思う。聖人君子のことばも、いってみれば、指のようなものにすぎない」

「指ですか」

弟が怪訝（けげん）な顔をすると、東里はまっすぐに窓の外の月を指さした。

「この指の案内によって、まなざしを転じなければ、このむさ苦しい長屋の中しか、われわれは見ることがない。そこが自分の天地だと思ってしまう。しかし、指の先をたどれば、そこには広い空があり、美しい月がある。聖人君子のことばは、われわれを美しい月に案内してくれる指のようなものだ。わたしたちはただ、ひらすらに月をみればよい」

「……」

「無益の文字を追いかけ、読み難きをよみ、解し難きを解せんとして、精神を費やし、あたら光陰を失ってはいけない。わたしも、あやうく、指をもって月とするところであった。四書五経は指にすぎない。大切なのはその彼方にある月だ」

——月を見るものは、指を忘れて可なりと、東里はいった。この思想は過激といっていい。ほんとうの価値が聖人の教えである四書五経の外にあり、それをつかめば、案内書は忘れ去ってよいとまで言い切った人物は、この時代ほとんどいない。

こうして東里は全財産を失った。そして、男の病がすっかり快復するのを見届けると、鎌倉の地を去った。

「このまま長屋にいては、あの男も気まずかろう」

と、兄弟二人で話し合い、居を移したのである。

二人はってをたよって、江戸の弁慶橋ちかくの町木戸の番太郎となった。江戸の町屋では履物は木戸の番太郎が売るものと相場がきまっている。

ところが江戸にはきちんとした下駄屋があって、素人が下駄を作ってならべても見向きもされない。

全財産をなくした東里兄弟はどこで見おぼえたか、竹の皮をとってきて丈夫な草履を編み、番小屋の軒先から、藁縄でつるして、売った。

東里のすまいはほんとうに狭かった。まさに「環堵容膝(かんとようしつ)」といってよく、一丈四方にようやく膝を入れる有様で、窮屈(きゆうくつ)きわまりない。二畳ほどだが、もちろん、畳のような贅沢なものはなく、壁のすきまからは容赦なく風雨が吹きこんできた。そこで兄弟二人、身を寄せあって眠る。

それでも東里はきまった時刻になると起きて、竹やぶに竹皮をとりにいき、ひたすら草履を編み、暮れ四つに木戸をしめた。竹皮の草履は、それなりに売れた。小銭がたまると、また書物をとりよせてきて読んだ。

そのうち、町屋の子どもたちがやってきて、字を教えてくれという。東里は、棒きれで地面に、「いろは」を書いて教えていた。そのうち、

「竹皮草履先生」

と、よばれるようになった。

ある日、東里は気になる子どもを目にした。それは、三歳ぐらいの

男の子であった。ほっぺたのふっくらとした愛くるしい子で、すこしまえに、父親にしっかりと抱かれて、となりの長屋に連れてこられた子であった。

その子は母親を失ったのにちがいなかった。父親は稼ぎで家をあけねばならず、子の食事の面倒が見切れなくなったらしく、銭を取って子どもを預かっているとなりの女のところに連れてこられた。女はあいそよく、作り笑いをうかべ、この子を預かる、といっていた。

実は、その女の評判はよくなかった。口が裂けたように大きく、貪欲なので、長屋の住人たちは、ひそかに「狼」というあだ名をつけて嫌っていた。狼ははじめはその子を我が子のように可愛がっていた。

「あの女にも母心がある」と、感心する者さえいた。

ところが、その子の頬がみるまにやせこけてきた。近所の者に訊くと、憎々しげに吐き捨てた。

「あの女はやはり狼だ。父親からまとまった養育料をうけとると、あの子に飯を喰わさなくなった。銭だけをせしめる魂胆だったのだ」

東里は、どうにかしてやりたいと思った。しかし、狼にとって、その子は格好の金づるであり、けっして手放そうとはしなかった。東里が何かしようとすると、悪知恵のはたらく狼は、かえって子どもを激しく虐待する。大金を積めば、どうにかなったかもしれないが、東里は全財産を病気の男に与え尽くし、無一文となっている。どうしようもなかった。昼は、木戸番をしながら、ひそかにその子を見まもり、夜がふけると、兄弟ふたりして、竹皮で草履を編みながら、その日みた悲しみの光景について、静かに語り合うしかなかった。

東里は、竹皮の縄を足にたばさみながら、いった。

「あの子は、お腹がへっても、食べさせてもらっていない。のどが渇いても、水さえもらえない。だれも手を引いてやらず、寝るときも一人ぼっちだ。まだ、ちいさいからちゃんと口がきけず、どうにもできないから、身体を投げうって泣くのだけれど、泣くと、また狼に虐待されてしまう。おさな心にも、それがわかるらしい。かわいそうに、懸命になって顔をうずめ声を出さずに泣血していたよ」

「なぜあのような、むごいことができるのでしょうか。弱いとわかると、近所の子どもたちまでが、よってたかって、あの子を馬鹿にして、いじめるのです。顔に唾を吐きかけ、腕を捻じ曲げ、髪をつかんでひきずり、皮膚に爪を立てて、血を噴きださせるのです。あの子が泣き叫ぶのを楽しんで遊戯にしている。しかも、狼はそれをやめさせない。やめさせないだけでなく、一緒になって、さも嬉しそうに、それを笑って見ている。そのうえ、許せないことに、あの狼ときたら、父親がきたときだけは、偽って、あの子を可愛がるふりをする。抱きあげて撫で、猫なで声になる。『親父さんがきたよ。さあ笑って、おしゃべりして』などと、子どもに笑顔をつくらせ、父親をあざむこうとしていました。まったく狡猾なものです」

「それは私もみた。あの子は愛に飢えている。虐待されたくない、すこしでも愛されたい、と渇望している。だから、狼がすこしでも抱いてやると、たとえそれが偽りの愛であっても、笑みをつくって、けなげに、おしゃべりをしてしまう。『飢える者はなんでも食べ、渇ける者はなんでも飲む』という。あの子をみていると、その悲しさを感じずにはいられない」

「あの父親は、あの子がどんな目にあっているのかわかっているのでしょうか」

「わかっていると思う。子どもの痩せこけた姿をみて、ずっと涙をこぼしていた。事情を察していないはずはない。あえて言わぬだけだ。面会にきたわずかなひととき、子どもを慰めようとしていたのだろう。笑顔で、あの子の顔をじっとみつめていた。あの子も、父親の顔をみて、その苦衷（くちゅう）がわかっているかのように、歯をあらわして笑い、『とうちゃんがきた。とうちゃんがきた』と、叫んでいた。その歓喜のさまが甚だしいほど、ふだんの生活がつらいということだ。ほんとうは悲しむべきことなのだ」

「……」

「だから、あの父親は、子どもをしっかり胸に抱き、飲ませ食べさせ、いうことをなんでもきいて、めいっぱい喜ばせてから、帰っていく」

そこまで言って、東里は声をつまらせた。

「けれども、父親は帰るとき、子どもが、だだをこねるのをおそれて、あえて真実を告げない。お菓子か人形をあたえて、よろこばせ、そのあとにきまってこういうのだ。『とうちゃんは厠(かわや)へいく』『お隣へいく』と。子どもが笑って『うん』と許すと、父親はもういない。しかも父親が門を出るやいなや、いじめっ子の群れが、子どもの手から、お菓子と人形を奪いとる。結局、あの子には何も与えられないのだ。かわいそうに。父を呼んで泣くのだけれど、そのうち涙も枯れ果てて、寝てしまう。目覚めると、また泣く……。あの子はそういう地獄のなかにいる」

編みつつある竹皮のうえに、大粒の涙が、ぽたぽたとこぼれ落ちた。

この三百年前の幼児虐待のさまは、わずかに残った東里の文章によって、今日に伝わっている。わたしはいま、漢体で書かれたその文章を読み解きながら、この文を書いているが、名文であるだけに、あまりに、もの悲しく、読むほどに、胸に刃物で刻みつけられるような感をおぼえる。いや、それ以上に、この国の歴史のなかで千年漢文は書き継がれてきたけれども、東里のように、子どもの心をみつめ、それに寄り添う文を遺したものが、幾人いただろうか、ということを考えてしまう。この国の儒はこの国の学はほんとうに「仁」を為していたのかということを考えてしまう。

虐待されていた男の子のゆくえについて、東里は、こう記している。

――これより以往、われ得て知らざるなり。

いつの間にかいなくなった。

江戸中期、親の温かい愛情にまもられた子どもでも、二十まで生き延びられたのは半分。虐待をうけつづけ、傷だらけになった三つの男の子の運命は、はじめからわかりきっていた。

それからしばらく、東里は虚空をながめて暮らした。

（自分は一体、なんのために、これまで学問をしてきたのか……）

思案に余ったといっていい。つかみどころのない問いかけが、頭のなかに浮かんでは消えた。陋屋（ろうおく）のなかで、目いっぱい手足をひろげて寝ころんだ。蔵書を処分したのち、新しく手に入れた本は、もうすっかり読んでしまった。そう思ったとき、ひとつだけ、まだ読んでいないものがあるのを思い出した。

――王陽明全書

であった。東里が竹皮草履を売って生活に苦しんでいるのを聞きつけたかつての友人がやってきて置いていったものだが、今日までほったらかしにしていた。読む気になれなかったのには理由がある。

「王陽明の学などには近づいてはならぬ。朱子の正学を模範とせよ」

という、かつての師、室鳩巣の言葉がひっかかっていたからである。

「明代のなかばまでは、唐土の学は正しかった。ところが、王陽明なるものがでて『良知の学』なるものを唱えはじめた。『難しいことを考えるな。おのれのなかにある良知に従え』などといいはじめた。学問はひとつずつ物事の理を窮めていくものだ。それをせずに自然に気づくなら、坐禅でもすればよい。あれは儒教にみせかけた、偽物の仏教である」

——あれは狂禅の徒である。

鳩巣は、はげしく陽明学を論難した。そのころ、東里は禅学に飽き飽きしていたから、その論法が腑に落ちた。

だから、王陽明全書を手にとったものの、「偃臥して之を読む」、つまり、寝ころんだまま読みはじめた。ところが、読みすすむにつれ、眼前を蔽(おお)っていた霞がすうっと晴れていくような、心持ちになってきた。それどころか、

――致知格物、知行合一

の説に至り、東里の目はくぎ付けになった。とびおきて、容をあらため、正座して思わず、

「孔子伝授の心法は、ことごとく、この書にあり。なんぞ、これを読むことの晩(おそ)きや」

と叫んだ。

それからは、むさぼるように王陽明の著述を読み耽(ふけ)った。これまで漠然と思っていたことが、はっきりと像を結んできた。何十年も、ひ

たすら書をよんできたが、霊的ともいうべき、このような体験は、初めてであった。

――「礼記」

という書物がある。

そのなかの一篇が「大学」であり、君子がなすべき、八つの条目が刻まれている。すなわち、格物・致知・誠意・正心・修身・斉家・治国・平天下である。このうち、すべての基底になっているのが「格物」であり、朱子の説では、

「物に格る」

と訓み、

「物の理をきわめること、つまり、森羅万象にそなわっている自然

の理をつきつめ理解すること」とされてきた。

ところが、東里が読むかぎり、王陽明の「格物」の解釈は、これとまったく違う。おそろしく新鮮なものであった。この「格物」を、

「物を格す」

と、訓んでいた。

王陽明は、朱子の学とはちがって「いったい『物』というのは何ぞや」という、そもそもの論をしっかりと説いていた。

朱子は「物を観察し、その理をきわめる」と、いうけれども、物をみる自分の意識は「物」の外に厳然と存在しているものではない。「物」と、物をみる自分の「心」は、もともと一つのものであり、別物ではない。むしろ、本来、自分も「物」と一体であることを自覚し

て生きよ、と説いているように思えた。
さらに、「伝習録」の下巻まで、読み進めると、こんなことが書いてあった。

——夫(そ)れ、人は天地の心にして、天地万物は、もと、われと一体なり。

生民の困苦荼毒(とどく)は、いずれか、わが身に切なるものに非ざらんや……。

人を視(み)ること、おのれの如く、国を視ること、家の如くにして、天地万物をもって一体となす。

「人は天地の心である、ということを考えてください。天地万物と自分は、もともと渾然一体のものです。どこかの、生きとし生ける民に苦痛があるとするなら、その痛みはすべて自分が痛んでいるということなのです。自分のような人間も、動物も、草木も、天地から生まれて、やがては死んで、天地に消えていきます。もともと同じものなのです。この境地に立って考えれば、もともと、この世に他人事というものは存在しない……」

たしかに、そうである。

「とても、そんなふうには考えられない」

という者も多いけれども、

「断じて、そんなことはない」

と、東里は思った。

王陽明がいうとおり、人間が本来、天地万物と一体のものであるならば、人間は生まれながらにして、それを感じる心をもっているはずである。

それこそが、「孟子」にいう、
——良知
というものにちがいない。だとするならば、鳥がひなに食べものをはこび、母が子に乳をさずける、あのあたたかい心は、悠久の時がかかるにしても、かならずや、人々のなかに育っていくはずである。書物を読んできた自分の使命は、人々にそれを説き、自ら行うことにあるのではないか。

二百年もまえに、このような思索にふけった人物がいたことに驚き、勇気づけられた。

東里は、すこしずつ、人に教えることをはじめた。もっとも、問われれば答え、請われれば教える、だけであったが、ひたすら来客をさけていたころに比べれば、明らかに、ちがってきた。齢は三十にさしかかろうとしていた。

　そのうち、弟子ができた。下野（しもつけ）国の植野の在から来た、

――金束信甫（こづかしんぽ）

という者である。どこで聞きつけたか、東里の小屋にやってきて話をきき、ほんとうに晴れ晴れとした顔になって、帰ってゆく。もとより、気持のよい男で、無類の世話焼きであった。そのうち、

「下宿の主人にも、先生の講義をきかせたい」

と言い出し、東里を小屋から連れ出した。そこは大きな伝馬屋であった。「高木」という、その伝馬屋の主人は、たいそうな学問好きで、

東里の顔をみるなり、

「どうか先生、ここにしばらくいて、書を講じてください」

と、懇願する。東里は十年ちかい小屋ぐらしからぬけ出て、畳の敷かれたまともな座敷で寝起きした。

だが、すぐに、そこからも出て行った。元来、東里は、ひとつところに居られない癖があり、

「東里の突（煙突）には、煤のついた、ためしがない」

とまで、いわれている。

このころになると、東里の徳を慕う者もふえてきた。深川八幡宮の門前に狭いながらも家を借り、やはり門前でもって竹皮草履を売るのだが、書を講じることが多くなってきた。

弟子のなかには来ると約束しておきながら遅刻してくる者もいたが、

まったく気にせず、叱るようなことは一度もなかったという。それでいて東里自身は極めて時間に正確で、まるで天体の運行のように暮らすので、おかしがられた。

東里は、春になると、郊外を散歩した。花を愛し、とりわけ、桃の花を好んだ。桃花は大きな実を結び、いのちに恵む。「無我」という名の知友に誘われて、桃園に遊んだ。

――無我

とは人の名前である。変わった男であった。

ある日、東里が竹皮草履を売っていると、卜占を売るものが声をかけてきた。占い師である。名前をきくと、

「無我」

という だけで、姓名を対(こた)えない。

「無我などと妙な名前なのは、なぜか」

と訊くと、こう答えた。

「孔子さんは、意必固我の四つを絶て、と、おっしゃった。憶測するな。決めつけるな。凝り固まるな。我を無くせ、と。しまいの我を絶つのが、いちばん、むつかしい。それで無我と号しております」

それですっかり仲良くなった。油屋の二階に間借りし、占いで口を糊しているこの隠君子と連れだって、江都の東郊を歩き、桃李のまさに華やかなるを楽しんだ。桃を観る者が樹下で宴をくりひろげていた。うまそうな酒があり、肴もあった。

だが、東里と無我には銭がない。ただそれをながめながら歩いた。

ふつうに歩いても、東里の口からは詩韻がこぼれて落ちてくる。詩を口ずさみはじめた。

東野之華　東野はこれ華やぎたり
谷風其馥　谷風はそれ馥(かおり)たり
此有飲酒　ここに酒を飲むあり
彼有食肉　かれに肉を食らうあり
既飽既酔　すでに飽きすでに酔う
使我心楽　我が心をして楽しましむ

これをきいて、無我が笑った。

「面白いことをいいますね。彼らが勝手に飲んで楽しんでいるだけでしょう。それでなぜ、こっちまで心が楽しくなるのですか」

「楽しくなりますよ。自分をひたすら無にしてごらんなさい。我は彼になり、彼もまた我になるというように、気もちの垣根をとっぱってしまえば、自分の物でないものはなくなりますよ。自分にこだわれば、富貴貧賤、長寿短命、幸不幸、生死、福禍、栄辱みな気になって、かえって苦しんでしまいますが、いっそのこと自分を無しにしてしまえば、みんな同じでしょう。人をきちんと育てたり、戦いをとめたり、乱暴を禁じたり、虐めをなくしたりするのは、ほんとうはちっとも他人ごとではなくて、自分のやまいを治しているようなものですよ」

「それはそうですが、聖人でもないと、そんな考えかたはできませんよ」

「そんなことはありません。なにも、はじめから、聖人だけにかぎることはない。わたしたちも勉(つと)めるべきではないでしょうか。みな、それぞれ、できるところで、心のなかの美しい玉をみがけばいい。玉には大きい小さいがあって、聖人のように大きな玉は磨けないかもしれないが、小さい玉でも磨けば美しく光る。そういう玉を心のなかに磨いていく。それが人の生きるつとめではないかと思っているのです」

無我は、はっとしたような顔をした。しばらく、桃の香りのなかを歩いていたが、ぽつりといった。

「どうすれば、できますかね」

「わたしも考えているのですが、それを、うまく言えない」

「……」

　無我はすがるような目をした。

「あるいは、謙ということかもしれません。彼を先にし、我を後にする心。この心でいけば、我を無(な)みして、仁に近づけるかもしれない……」

　無我はこれをきいて説(よろこ)び、号を、

——謙斎

と、改めた。そういう話が伝わっている。

　それから四年ほどたって、東里は下野国佐野に下っていた。

「ぜひとも、わたしの故郷の人々に、先生の『伝習録』の講義をき

かせてやりたい」

弟子の金束信甫が、涙をうかべて、そう頼んだからである。佐野の植野というところに、

――泥月庵

という庵が結ばれ、東里はそこに住んで、金束信甫の家で王陽明の「伝習録」を講義した。金束の家は小さくはない。それでも、噂をきつけた人々があつまり、聴く者が座敷からあふれるほどになった。

東里の講義は、まことに実際的であった。わかりやすさを先にし、飾ったいいまわしは一つもない。身近な、たとえをいれて話すので、高尚なことを語っているはずなのに、難しくきこえない。聴衆は話を聞いているうちに、おのずから悟っていく。そういう感じであった。

――先生、人に教うるに実を先にし、名を後にす。近き譬喩を能くし、人をして暁り、易からしむ。(『東里先生行状』)

と、記録されている。

須藤温という少年が、長い道のりを歩いて、この講義を聴きに来ていた。講義がはじまると、東里は、本の読み方について、こう言い放ったという。

「みなさん。書物には読み方というものがあります。書を読む人は、読むまえに、まず大どころは、どこかを考え、そこをきちんと読むことを心掛けてください。たとえば都会を遊覧するとき、ちまちまとした木戸や飯屋だけをながめて、城郭や宮殿を観ずに帰ってきたら、都会を遊覧したといえますか。これと同じなんです。真実、道を志すということは、餓えて食をさがすようなものです。食べるものがないのに、いらないところを徘徊している暇はないのです。みなさんは道を得るために、まっしぐらに、書物のなかの大切なところをみつけて読んでいかなくてはなりません……」

当時の儒者の講義といえば、道を説いているというよりは、書物のなかの字句を解説しているといったほうがよかった。書物を冒頭から逐条（ちくじょう）に解いていき、それで束脩（そくしゅう）（月謝）を稼いでいた。ところが、東里は、本は全部読まなくてよい、と、言った。須藤はそのことがよほど強烈であったのだろう。三十年以上たったあとでも、その講義をしっかりと憶えていた。

そしてなにより、東里の言葉には、底知れぬ重みが感じられたという。

「聖人の学は、なにも難しいものではない。ただ、ひとつのことがわかればよい」

戸板をなぎ倒すような迫力で、東里はそういった。

——天地万物一体

の理がわかれば、それでよい、というのである。

「聖人の学というのは、煎(せん)じつめれば、仁の一字につきます。仁とは天地万物一体の心のことです。義も礼も智も信も、みな、そのなかに含まれます。たしかに、一見すると、宇宙の森羅万象はさまざまで、とても、ひとつのものにはみえません。しかし、考えてください。この宇宙の物は、みな天地の気をうけて生じてきたものです。そういう意味で、一体であるといえる。天から日の光がそそぎ、雨がふると、山に草木が野に穀物が生じるでしょう。そこから、鳥や獣や人が生まれてきました。ですから、父子・兄弟から天下後世の人にいたるまで、みな我が骨肉です。日も月も、雨も露も、山も川も、草木も、鳥獣も、魚もすっぽんも、一物として、我でないものはない。天地万物は一物です。このあたりまえのことに立ち戻るだけでいいのです。それほど、聖人の学は広大にして簡単なものなのです」

そして、最後に、こうつけくわえた。

「しかし、かくいう私も、つまらない者です。くりかえし、この説を読み、人にも説いていますが、井のなかの蛙が海を知らないようなものです。我と彼のあいだの垣根をとりはらった広い気持ちになろうとしても、なかなかうまくいかず、悩み苦しんでいます。それはちょうど、犬猫が自分の尻尾をおいかけて、くるくる旋回しているのに似ています。自分が、自分が、と、自分にこだわるから、苦しくなるのは、わかっているのですが……。今日はここまでにいたしましょう」

以後、東里は、ほとんど三十年ちかくを、この佐野の里ですごした。途中、三年だけ、浦賀にもどった。死を迎えんとする母を世話し、それを看取（みと）って、三年のあいだ、その墓前に仕えたからである。しかしそれを終えると、またもどり、人々に教え、慕われた。

東里は、生涯、娶ることはなかった。しかし、この佐野の里で姪を育てた。事情があった。

ある日、弟がたずねてきた。

「娘の芳子が大変なことになった」

という。東里と暮らしていた弟の叔徳は東里が佐野にいってから独立し、四十路もなかばにいたって、ようやく、妻をむかえた。そして、芳子という女の子をもうけていた。東里の姪である。ところが、弟の妻は芳子を産むと、すぐに、死んでしまった。結果、芳子がのこされた。


弟は途方にくれた。男親だから、悲しいことに、乳のことはどうしようもなかった。貧しくて乳母を雇うこともできない。やむなく、もらい乳をして歩いた。芳子が泣きだすと、他人の妻に乳を乞うた。ところが、生まれたばかりだから、たくさんは飲めない。すぐに空腹がきてまた泣きだす。弟はそのたびに、乳をもらいに、夜の街路をさまよわねば、ならなかった。あまりに頻繁なものだから、乳をくれる人も嫌がって、ついには授乳を断られた。ほかをあたったが、また断られた。このままでは幼い芳子は死んでしまう。そこでやむなく、乳にかえて粥を食べさせた。弟は妻の老母とともに、必死になって、かゆをあたため、匙で幼い子の口にはこんで、いのちをまもった。

ところが、芳子が三歳になったとき、またも、やっかいなことがおきた。妻の老母も芳子の育児につかれ、ついに病にかかって死んでしまった。弟は働かねばならず、芳子は、となりの老婆に預けざるを得なくなった。必死に働いたが、十分な養育料を稼ぐことができない。それで、となりの老婆は、ちゃんと面倒をみなくなり、芳子は、かつてみた「狼」に預けられた子どものように、衰弱しはじめた。

「兄上、もうしわけない。もう、ほかにたよるところがない……」

相模(さがみ)の浦賀から、食べるものも食べず、寒風吹きすさぶなかを歩き通してきた弟は、その場で、泣き崩れた。

東里は、怒って大声でいった。

「どうして、その子を一緒につれてこなかったのだ！」

東里のそのひと言で、弟は再び浦賀に戻り、瀕死の芳子を佐野まで背負ってきた。まだ息があった。季節は冬の十一月、三つの芳子の姿は、悲惨そのものであった。何を食べさせられていたのか、下痢が何日もつづき、腹は太鼓のように膨れ上がり、頭はかさぶただらけで、虱がうようよわいていた。

東里は、死にかけたその三歳の姪の世話をしはじめた。弟は相模に帰っていった。

東里は、この佐野の里で、それなりの暮らしのもとを築いていた。

「中根先生の庵をつくろう」

と、村の人々が、力を尽くし、

——知松庵

という、南北二間半、東西三間のちいさな茅葺きの庵をたててくれていた。窓が弱々しく、あがりがまちもない質素な庵であったが、東里は、ここで芳子を育てながら、村の人々を教えた。

天気がよければ、相模の方角に、富士が望めた。幼い芳子をひざに抱きながら、「あれが故郷のほうだよ」と話しかけた。

学塾にくる人の心得「壁書」をしたためたのはそのころのことであった。

一、樵父は山に登り、漁夫は海に浮かぶ。人おのおの、その業をたのしむべし。

一、水を飲んで愉しむものあり。錦を着て憂うるものあり。

などと書いてみた。

とはいえ、東里はすでに、齢五十三、いつ死ぬとも知れなかった。

(もし、自分が死ねば……。この芳子は、どうなるか。ひとりとりのこされ、悲しみが、波のごとく、くりかえしくりかえし、この子を襲うのではあるまいか)

東里はそれを考えた。そうしているうちに、ふと、ひとつのことばが、浮かんだ。

——一、出る月を待つべし。散る花を追うことなかれ。

そう書きそえた。

明和二（一七六五）年、二月七日、東里は死んだ。七十二歳であった。遺品というべき遺品もなく、まとまった遺稿というべきものも、ほとんど残っていなかったという。ただひとつ、

——『新瓦』

と、書かれた冊子が風呂敷包みのなかから出てきた。

弟子がひらいてみると、驚くべき漢体の名文で、姪・芳子の生い立ちと、佐野にやってくるまでの経緯がつづられていた。四歳になった

姪に噛んでふくめるように、東里の思想の精髄を教えようとしたものであった。この天才詩人は姪のために、たった一つの著作を残して、この世から消えた。東里自身の筆で、ところどころに、かわいい鳥や、けものの絵が色つきで描いてあったという。

それから、東里はほとんど忘れ去られた。下野で東里の教えをうけた弟子たちが懸命になって、東里の遺稿をたずね、書状があるときけば、飛んでいって反古紙まであつめたが、この清貧の儒者の痕跡は、なかなかあつまらなかった。

ようやく『東里遺稿』が板行されたが、わずかな冊数を刷ったのみで、その後、なんども再版が試みられたが、はたされなかった。『東里外集』にいたってては死後百年ちかくたってから板行された。今日、彼の文章を読もうとするとき、もっともまとまったものは、粂川信也編著『東里遺稿解』であるが、これも大変な労力で篤志家がつくり、私家版で少部数配られたにすぎず、わたしがこの稿を起こしたときには、東京にも、この本を貸してくれる図書館は一つもなかった。

ただ、中根東里という人は、たしかにいた。

いまだ、原子も分子もその存在が知られていないとき、直感でもって、宇宙とわれわれが一体であることに気づき、ひとびとの生きざまにうったえかけた思想家は、まごうことなく、このちいさな村里に息づいていていた。

そして二百五十年、その里の中で記憶されつづけた。佐野の人々は、

彼のことを忘れていない。佐野の町で、ふと出会った老人に道をたずねたが、

「東里先生でしたら、あちらのお寺におられました」

と、まことに丁寧に教えてくれた。

そして、その老人は、まるで大切なことを打ち明けるかのように、こうつけ加えた。

「ほんとうに立派な方でした」

静かな口調であった。その穏やかな声の響きが、いつまでも耳底にのこって、忘れられない。

大田垣蓮月

人の優しさというものは、どこから湧き出でてくるのか。幕末に生きたこの女性を想うとき、そのことを考えずにはいられない。

大田垣蓮月（おおたがきれんげつ）のことである。

けっして、しあわせな生まれではなかった。そもそも、彼女は、ほんとうの父にまみえることすらなかった。生みの母に一度でも会ったことがあるのか、それすら定かではない。いまとなっては、彼女の父母の名さえ、確たることはいえず、何をしるべに、彼女のはじまりを記していけばよいのか、途方にくれてしまうほどである。

ただ、このことは、はっきりしている。

――天明八年正月晦日に、京で「応仁の乱以来」といわれる大火があった。この大火が、彼女の出生に、いささかならぬかかわりあいをもっている、ということである。三日三晩、京を焼き尽くした炎が、彼女を生んだ。

それは、ちいさな夫婦喧嘩が発端であったという。その日の朝、鴨川の東のほとり、宮川町団栗辻子の裏店で、夫婦がいさかい、火鉢をひっくり返した。それが火種となった。

たちまち、団栗辻子の町屋を焼き払い、折からの強風にのって、火の粉が鴨川を飛び越えた。そこからは猛烈な勢いで焼けひろがり、夕方には二条御城が焼け落ち、夜にはいると恐ろしい火炎をあげて、禁裏御所にせまり、これを焼き尽くした。帝は駕輿丁（かよちょう）らにかつがれて懸命に駆け、下鴨の森に逃げ込んだ。

俗にいう、

――どんぐり焼け

である。京都は幾度か大火に遭っているが、一度でこれほど丸焼けになったことはない。応仁の乱のときは何度かにわけて、じりじり焼けたし、幕末の蛤門の変のときの「鉄砲焼け」はここまでではない。

この天明八（一七八八）年のどんぐり焼けで京は焼け野が原になった。かなたに東寺の塔がみえ、門徒が死に物狂いで水をかけた西本願寺の巨大な御堂が焼け残り、残煙のなかに茫洋として立っていた。焼け出された人々の群れは、鴨川の河原で野宿をはじめた。おそろしく寒い。みな、泣き泣きのびあがって、被災者にくばられる施粥を待った。

焼け野になった京都で気味の悪い唄が流行った。

「申（さる）の正月早々に、苦労なさるは王さまえ。死んだお方は不憫さん……。遥かに見える東寺の塔。こちらに見えるは門跡さん。九万九千（くまんくせん）の京なれば、八万八千灰になる。二十年たったる栗の木を、今は木挽きの世の中じゃ」

という手毬唄である。

京では、二十年たった栗の木を切り倒し、都普請（みやこぶしん）がはじまった。蓮月が産まれるきっかけが生じたのは、このような再建の季節のなかであった。

京では、御所さんが焼け落ちると、女の腹から、お胤の子が落ちてくるという。京童にいわせれば、その仕組みは、たわいない。

「京が大火になりまっしゃろ。御所さんやお大名の屋敷が焼けますわ。御普請がはじまります。偉いお武家さんが、ぎょうさん上京してきはって、お勤めの合間に、遊ばはりますわ。ほしたら、お胤の子どもが、うまれます」

京の女は三味線、舞のたしなみが深い。町家のなかには、娘をもつと、芸を仕込んで座敷に出し、いわゆる「旦那どり」をさせるものもいた。

事実、大火のあと、京ではみな暮らしのたづきを失った。ゆえに、まさかあの人が、という姫御寮までもが、花街の座敷に出た。その数は千人をはるかにこえていたという。

蓮月の母も、そのような一人で、

——三本木

の座敷に出ていた。

三本木の花街は御所に近く、京のあらゆる遊里のなかで、もっとも客筋がよい。諸大名の京都留守居は、ここで会合をもつのが常であったし、公家たちも遊んだ。宮様が人目を忍んできていることさえあった。客に通人が多く、金づかいが綺麗なことで知られた。

その三本木に、眉目秀麗な若いお武家があらわれたのは、やはり大火がおさまってしばらくのことであったという。

その若様は、
「藤堂はん」
と、よばれていた。津藩藤堂家の一門で、伊賀上野から上洛してきていた。名は新七郎であったか、金七であったか、そこのところが今日ではよくわからない。

かつて杉本秀太郎氏が、この蓮月の父親さがしをされているが、わたしも、この稿を起こすにあたり、蓮月のほんとうの父をみつけ出そうとして、史料を調べた。手がかりは蓮月の乳母の子が「伊賀上野の御城主、藤堂金七郎様と申上るお殿様のお胤なのです」と語ったことである。

東京では、国立国会図書館に一冊だけ、詳しい藤堂一族の系譜が所蔵されている。私家版で出されたもので、林泉編著『藤堂姓諸家等家譜集』という。これをみると、藤堂金七郎という者はいない。藤堂金七という者と、藤堂新七郎という者はいた。蓮月は寛政三（一七九一）年正月の生まれだから、妊娠期間を考えると、寛政二年の三月頃に、京都に出張した藤堂という名の男をさがさねばならぬ。事実さがしてみたがどうもはっきりしない。

藤堂金七は番頭（ばんがしら）藤堂式部三千石の別名で、藤堂新七郎はその義弟である。ともに藩の番頭で重臣だが、二人とも寛政二年頃に京都にいったという記録はみつけられなかった。この年は藤堂九兵衛という男が京に使いをしているが、入京したのが十一月だから、この男は蓮月の父ではないだろう。やはり、「藤堂金七郎」は金七か新七郎の誤伝と考えるほかないようであった。「シンシチロウ」を「キンシチロウ」と聞きまちがえたのかもしれない。いずれにしても蓮月の父は藤堂家の一門であった、と伝わっている。本当だとすれば、名門の血をひいていたといってよい。

藤堂新七郎などはなにしろ、禄が五千石もあった。新七郎は諱(いみな)を良聖といい、その祖は初代藩主藤堂高虎のいとこで新七郎良勝といった。天下に勇名をはせ、関ヶ原の合戦で、大谷刑部(ぎょうぶ)を襲って壊滅させたのも、この良勝であった。この先祖は欲がなく、ひたすら高虎のために戦った。高虎はその功に一万石を与えんとしたが受けず、つぎに二万石を与えんとしたが、また受けず、ついに高虎を怒らせ、五千石となった。さらにいえば、俳諧の松尾芭蕉も、もとはといえば、新七郎の家の家来であった。新七郎の家は代々風雅を好み、芭蕉はもともと、この家の台所料理人をつとめていた。

以下、とりあえず、蓮月の父が新七郎であったものとして話をすすめる。

その日、新七郎は、人に連れられて、登楼してきた。そのころ藤堂家の京都御留守居役は瀧与右衛門といった。

藤堂家の京都屋敷は古田織部の屋敷跡を譲りうけたもので、四条堀川にあったが、やはり大火で焼け落ちた。瀧はすぐに灰をかきだし、敷地を板塀で囲ったが、門や長屋が建つまでに、半年もかかった。御殿を建てるにはさらに時が必要であった。伊勢伊賀の国元から、たくさんの藩士が上洛してきており、新七郎もその一人であったのかもしれない。退屈しているこの若い藩の重役を、接待しようとしたのであろう。藩の名門の御曹司である新七郎は、部下にきわめて丁重に案内されて、やってきたにちがいない。

三本木の紅楼はすこし変わっていて、居付きの遊女がいない。外から町芸妓（まちねこ）をよぶ。三本木では、席につくと、料理が出るまえに、仲居が出てきて、

「殿様は、どこの子がお馴染みさんどす。一寸、お呼びいたしましょう」

というのが、きまり文句になっている。

「拙者は、そんな粋（すい）なものではないから」

新七郎が、そういっても、仲居は芸妓の名を連ねた書付をだしてきて、

「この子を呼ばはったら、よろしい」

と、みつくろってくる。

そして、ふすまを開けて、入ってきた美しい芸妓と、新七郎の目と目があった。すべては、ここからはじまったといっていい。

新七郎はこの芸妓と逢瀬を重ねた。

――恋であった
といっていい。しかし、二十四歳になる新七郎には、妻がいた。やはり藤堂一門から嫁いできた女で、しかも、その妻の腹中には、しっかりと子が宿っていた。しかし、そんな思慮分別は吹き飛ばしてしまう

ほどに、新七郎は、恋情にのめりこんでいった。芸妓の肉体はそれに応え、ついに、胤が宿った。

いうまでもなく、これが蓮月となる。寛政二年の春のことであった。

新七郎は、ふと芸妓にいった。

「自分は妾の子であった」

事実、そうであった。新七郎の母は側室であり、ながらく、正室とともに暮らした。新七郎の母の実家は、金沢という苗字こそ持っていたが、藩士のそのまた家来、俗にいう「又者（またもの）」の出であった。出自の賤しい妾である母の肩身の狭い暮らしは幼いころからいやというほど見ている。

芸妓が自分の子を宿したことを知ると、新七郎の心は乱れはじめた。

藤堂家の京都屋敷は、どんどん出来上がってきていた。御所の普請もすすんでいた。

（屋敷ができ、京都でのお勤めがおわれば、伊賀に帰らねばならない。そのとき、女と子をどうするか）

それから、新七郎とその胤を宿した女とのあいだに、どのようなやり取りがあったのかは、わからない。ただ、ひとつはっきりしているのは、生まれくる新しい命、すなわち蓮月は、この二人の親から、厄介者としてうち捨てられた、ということである。

窮した新七郎は、ある男を頼った。男の名は、山崎常右衛門といった。

——知恩院

の寺侍である。因幡国鳥取の百姓の生まれで、都にながれてきて、大変な苦労をして、ようやく、ってをたより、知恩院門跡の家来となっている。

年は新七郎よりも十歳ばかり上の三十五歳であったが、身分のうえでは、雲と泥ほどにちがった。常右衛門は知恩院門跡の家来といっても、

「三石さん」

にすぎない。

京では、禄がほんの三石ほどしかない公家侍や寺侍をこうよんだ。三石さんの勤めは、主人に供奉することであるが、その着物はうすいものが一枚きりである。底冷えのする都の寒さに、みずからの小便を

足にかけて、暖をとるものもいた。武士とはいえ、それほど悲惨な身分であった。

そんな常右衛門が、五千石の「殿様」である新七郎と知り合いになったのは、碁を通じてであった。これについてはきちんと記録がある。常右衛門は碁の上手として知られていた。

新七郎はその噂をきいて、

「碁の相手をしてくれぬか」

と、常右衛門を何度か召し寄せた。常右衛門の打つ碁は、なんともいえぬ品の良いものであった。その温顔をみながらの、ゆったりとした対局は、実に後味がよかった。新七郎のなかには、その記憶があって、

(あの男ならば、なんとかしてくれるのではないか)

という気がしてきた。身勝手といえば、あまりにも身勝手な考えであったが、そういうことが、さらりとできるところ、やはり新七郎は殿様なのであった。

「折り入って頼みがある」

といわれた常右衛門のほうこそ、気の毒であったといっていい。

「女を孕ませてしまった。ついては、その後始末をしてくれ。なに、おまえのことは悪いようにはせぬ」

かいつまんでいえば、そういう、とんでもない若様の頼みが頭上からふりかかってきた。常右衛門は困った。

しかし、腕組みをして、思案しているうちに、だんだん、不憫に思えてきた。新七郎が、ではない。女の腹のなかにいるという、その子どものことが、である。

そう思ったとき、常右衛門の口から、反射的に、その言葉がついて出た。

「わかりました。わたくしが、その子を貰いうけましょう」

それからの常右衛門の骨折りは尋常でなかった。迷惑といえば、これほど迷惑ということもない。

若様のお胤を宿した芸妓の腹は、もうはちきれんばかりに大きくなって、いまにも産れそうになっている。赤子が出てくれば、乳がいる。

——まずは乳母さがしに走り回った。

常右衛門は知恩院の寺侍、しかも下っ端だから、除夜の鐘をついてから正月松の内までが、いちばん忙しい。独楽（こま）ネズミのようにクルクルと立ち働いて、寺の庶務をこなさねばならぬ。常右衛門は、その合間をぬって、八方、手を尽くして、もらい乳のできる女をさがし出した。

この時代、乳母は身持ちがよく、心立てのよい者をえらばねばならぬとされた。乳を通じて、乳母の性分がつたわり、赤子の人格をも左右すると考えられたからである。さいわい、乳母はすぐにみつかった。

知恩院古門前通り小堀西入ル北側に住まう、

「高橋」

という者の内儀であった。さきごろ女児を出産し、乳の出もよいという。

この者を乳母に仕立てた。常右衛門は生来の周旋家であったから、まずは乳の支度をしておいてから、その赤子を貰い受けに行ったのである。

寛政三年正月八日の寅刻（とらのこく）、三本木の花街の一角で、ついに、その子は生まれた。

常右衛門は、鴨川のほとりを走って、三本木にいたり、その子を見た。藁のうえにいたその児は、ほんとうに輝くばかりの女の子であった。三本木の花街の者が、

「この子は正月八日、末広がりの八日の寅の日に産まれたんや。女の子やのに、寅刻に産れるやなんて、ほんに勇ましいことや」

といった。都の人は迷信ぶかい。とくに干支（えと）の説にはうるさく、遊

里ではあれこれと縁起をかつぐ。寅年の女は男を喰い殺すだの、男まさりだの、そういうことが、もっともらしく囁かれる。そのため、その子は母の名さえ定かでないのに、生年月日については、
——寛政三（一七九一）年正月八日の寅刻
と正確に記録されていた。はて、名は何と付けるか。常右衛門はあれこれ考えたが、結局、
——おのぶ（お誠）
と名付けることにした。
生母の芸妓は十日ばかりのあいだ乳をあたえていたが、そのうちいなくなった。どういう、つてを頼ったのかひと山こえた亀山の侍のうちに縁づいていったという風の噂がきこえてきた。

これが蓮月の出生譚である。父にも、そして、母にも捨てられたところから、彼女の人生ははじまっている。

おのぶは、ほんの赤子のころから、男の子のような凛々しい顔立ちであった。すっきりと鼻すじがとおり、目はすずやかで、なにより肌が透き通るように白い。このまま人と成らば、いかなる絶世の美女になるやらん、と思わせるものがあった。

「赤子のうちから、これほど気品のある子もめずらしい」

誰もが口をそろえ、かわるがわるに抱きあげた。ただ、常右衛門は複雑であった。男の子のような顔立ちであるとはいえ、おのぶと名付けられたその赤子は、まぎれもなく女子であったからである。男子であればどんなによかったろうと思わざるをえなかった。ほんとうに男の子であれば、この子の行く末にさしたる波乱はない。いかに妾腹でも、男子であれば、実父の藤堂家で育てられる見込みもある。なにしろ、おのぶの実父は、

——伊賀の上野の藤堂新七、玄蕃。藁で髪結うて五千石

と里謡にも、うたわれた五千石の当主である。

藤堂高虎といえば、伊勢国安濃津三十二万石の大守だが、彼が大名になれたのは、二人のいとこの働きが大きい。新七郎と玄蕃という二人のいとこがおり、この二人は風変わりなことに、五千石の大身になっても、足軽のように藁で髪を結い、戦場で暴れまわった。新七郎が転法輪の馬印、玄蕃が黒吹き流しの馬印をひるがえして突入し、敵陣を突き崩してくれたおかげで、高虎は国持ちになれたのだが、二人の

いとこは死を恐れぬ捨て身の攻撃の末、ともに討ち死にしてしまった。おのぶの父は初代から数えて六代目の新七郎であった。

そのせいか知らぬが、眼前の赤子の目には、生まれながら、強い光が宿っていた。しかし、その子はどうみても女児であった。

「養女にせねばなるまい」

常右衛門は覚悟した。知恩院の寺侍といっても、暮らしは苦しい。若様に請けあったものの、きちんと養っていけるかどうか。ふつうならば、養育料をふんだくることを考えるようなものだが、このあたり常右衛門は質朴であった。

そもそも、常右衛門は因州鳥取で百姓をしていた。ところが、ある日、父から古めかしい系図をみせられた。

――大田垣氏系図

と書かれたその巻物をまえに、父はいった。

「実は、わが家は山名家四天王の一人、大田垣但馬守（たじまのかみ）の後胤であった。城主の家柄であり、但馬の竹田には、いまもその城跡がある」

山名といえば、室町将軍家の四職（しき）のひとつ、いわば足利氏の家老である。一時は日本全土の六分の一を領し、「六分の一殿」とよばれた名家である。自分の家はその山名家の四天王で城主というのだから、世が世なら、大名になっていてもおかしくない。常右衛門は素直に、驚いた。

そこへきて、生まれたばかりの息子が四人、たてつづけに死んだ。まだ、おしめのとれぬ可憐な子であっただけに、常右衛門の悲嘆は大きかった。さらに、妻が五人目の子を孕んだところで、常右衛門のなかで、何かが切れた。

「今生は一度かぎりである。このまま百姓として果てるのも心残り。いずれかに仕官をもとめて侍奉公をする。身の立つようになれば、妻子ともども呼び寄せる」

突然、そんなことをいいだしたのである。自分は悪縁をもっていて、このまま家内に居れば、生まれてくる子もまた死んでしまうのではないか。そういうぼんやりとした不安が彼を動かしたのかもしれない。

ともかく、身重の妻にそのことを伝えると、系図を懐にいれて家を出た。まずは先祖の山城をさがして、その跡をたずね、但馬に残る同族の旧家をまわって、京に出た。

古めかしい系図をみたぐらいで、このように突飛なふるまいに出るのだから、常右衛門の「由緒」への純粋さは滑稽というほかない。そのうえ、彼は自分の先祖の苗字をまちがえていた。本来は「太田垣」と書くのだが、系図が写し違っていたのか、自分の苗字は「大田垣」である、と思い込んでいた。それでテンのない「大田垣」の姓を私称した。常右衛門も、それにつらなる蓮月も後生大事に「大田垣」を名乗りつづけ、大田垣家の墓も蓮月の墓もそう刻んでいる。

そういうまっしぐらな男であったからこそ藤堂の若様という本物の由緒のかたまりから命じられてしまうと、「あなた方のお姫様を、私どもがごとき、身薄き者が戴きましても、どういたしましょう」（『蓮月尼全集』）といいつつも、養女の件を承知せざるをえなかったのであろう。

この時代、武士になるには、京都にいくのが、もっとも、たやすい。幕府や藩は滅多なことでは新規の士を抱えない。ところが、京都にいけば、公家・社家・門跡寺院など幕府におさえられた貧乏な権威者が山ほどいる。これらの権威者から「おまえを家来にする」とさえ、いってもらえれば、格好ばかりの武士にはなれる。羽織・袴をはき、二本の刀を差すだけはできる。ただ、その場合、禄はおそろしく少ないか、無禄である。それどころか、あべこべに金を献じて、家来にしてもらう場合さえあった。京の公家などは貧乏だから、そうして小遣いを稼いでいるものが、少なくない。

常右衛門も京に出て三年、血のにじむような努力の末、ようやく、ってを得て、知恩院の寺侍となり、どうにか二本の刀を腰に差すにいたった。ただ、「知恩院は御門跡じゃ。ゆかりなき者は召し抱えることと相ならぬ」といわれ、大田垣の姓をあらためさせられ、しぶしぶ山崎某の養子となり、ようやく寺侍に召し抱えられている。

——大田垣の家をふたたび武家にしたい

ひたすらに、それを念じていた常右衛門にとっては、侍にはなったもののうれしさも半分であったろう。本来、常右衛門は百姓であり、苗字も、へったくれもないはずだが、本人の気分としては、まぎれもなく、そうなのであった。

この寛政ごろになると、津々浦々の百姓までが家名を重んじ、いつしか、はるか昔の遠い先祖に我が身を重ね、武士の意識を持ちはじめる。なかには京に出て、ほんとうに武士になろうとする者も出てきた。いうなれば、徳川社会の地殻変動であり、やがて、この動きは維新につながるのだが、常右衛門の行動はそのはしりといってよい。

もとより、常右衛門は物欲がうすいほうだから、武士の格好をして口を糊することができればよく、事実、それができるようになると、約束どおり、妻子をよびよせた。故郷を出るとき、腹のなかにいた五人目の子は、仙之助といって、無事に育っていた。「京で所帯をもつ」ときいて、姉までついてきたから、常右衛門は、にわかに一家のあるじとなった。妻、姉、仙之助、そして、のちには母も鳥取からよびよせ、四人の家族を養うようになった。

おのぶは、そこへ貰われてきたのである。おのぶは乳母の乳をよく吸った。たいそう元気であり、勢いよく、床を這う。乳児のころから、筋肉の動きが尋常でなかった。そのうち、夏がきた。生後、八ヶ月ともなると、おのぶは丸々としてきた。

この時代の赤子ははじめの一年で四分の一が死んだ。京都のような市街では、流行り病がバタバタと人をなぎ倒すから、大人になるのは半分しかいない。常右衛門は五人の子のうち四人までを喪っていたから、おのぶの生育についても危惧していたが、

「この子は育つ」

と確信した。常右衛門は胸をなでおろし、その旨を書状にしたため、伊賀上野の若様に知らせた。

知恩院の本坊から、常右衛門が意外な呼び出しをうけたのは、その

直後のことであった。方丈の広間に、小山・岩波・武田といった歴々の知恩院坊官が出座し、かしこまる常右衛門の前で一枚の紙片を、おごそかに読みあげた。

――御譜代、仰せつけらる

ついに、常右衛門はほんとうの武士になった。藤堂の若様が口添えをしたに違いなかった。譜代というのは、これから永久に知恩院寺侍の地位を世襲してよい、ということであり、常右衛門は武士の家、つまり正真正銘の武家になったのである。

知恩院というのは、ある意味、特殊な寺であった。徳川の京都における出先機関とみなされるほど、幕府と密接であり、そもそも、徳川という家がはじめて全国に知られたのは、知恩院のせいであったといってよい。徳川の祖松平氏は流浪の念仏僧・徳阿弥を初代とするが、孫の代にいたり、知恩院の住持を招いて「大樹寺（だいじゅじ）」という菩提寺をたてた。

大樹とは将軍の意である。この家は三河の片田舎にいたときから、大いなる野心をもっていたらしい。大樹寺を建てたことで、それまで田舎豪族にすぎなかった松平氏は、浄土宗総本寺の知恩院の庇護者としてにわかに重んじられはじめた。そのせいでもあったのであろう、松平家四代親忠の子・存牛はあろうことか、後柏原天皇の綸旨（りんじ）をうけて、知恩院二十五世住持となった。松平氏が日本全土にその名を知られる著名人を出したのはこれがはじめてで、家康が天下をとる八十年前のことであった。

そのため、家康は天下の権を握ると、すぐに工を起こし、知恩院を壮大な建造物に仕立て上げ、京都における徳川の拠点とした。知恩院の住持である門跡は、宮様から選び、それをかならず徳川将軍の猶子（準養子）にして、しばしば関東に下らせ、京と江戸を往復させた。ゆえに、京童は知恩院の三門の巨大さをみて、

「徳川はんは、あの門のうえから禁裏（天皇）さんを見張ってはるらしいで。異変があると、二条の御城に旗ふって知らせるそうや」

と噂した。

——知恩院の井戸は二条城につながっている

これも、ひろく信じられていた。これなどは根も葉もないことであろうが、徳川の忍びが、この界隈にたむろしていたことは事実であり、

関ヶ原合戦時に甲賀者を束ね家康を勝利に導いた山岡道阿弥の墓も、知恩院の山内にある。

そういう寺であったから、知恩院は藤堂家との関係もふかい。藤堂家は藩祖高虎以来、忍国伊賀の地を与えられ、徳川氏の忠実な配下として、西国大名を監視してきた。徳川氏の西国支配の一角を担ってきた藩である。外様大名のなかでここまで徳川に用いられた藩もめずらしい。その藤堂家から何か一言あったのかもしれなかった。ともかくも、知恩院は、奉公人の一人を「譜代」に直し、常右衛門は知恩院譜代となった。

「藤堂の若様からは、悪いようにはせぬ、との仰せであったが、はて、このことであったか。この子のおかげかも知れぬ」

おのぶを抱きながら、常右衛門は余慶を感じた。一子、仙之助は八つになる。いつしか、常右衛門とその妻は、おのぶをいとおしんだ。田舎出の情の深い、この夫婦に育てられたことは、おのぶにとって幸運であった。

おのぶは成長するにつれ、大人たちを驚かせた。容姿の麗しさが人目をひきつけるばかりでなく、何をやっても、ずば抜けている。試みに、筆をもたせれば、たちまち美麗な文字を書き、新しい字を教えろとせがむ。五歳で文章を書きはじめ、六歳になると、大人顔負けの和歌を詠んだ。おのぶのいた界隈、

――知恩院門前袋町

には、なぜか文人が多くいた。

さきごろまで、池大雅が住み、詩書画の三絶の筆をふるっていたし、このごろは儒者の村瀬栲亭のむかいに、上田秋成という変わり者の老人が越してきて、不自由そうな手指を器用につかって、なにやら書き物をしていた。

「上田先生は気むずかしいお人や」

大人は、そういっていたが、子どもには優しい。じっとみていると、あまり利かない手を蟹のように動かしてみせ、おのぶが和歌を詠むと知ると、この雨月物語を書いた天才文章家はにっこり笑って、ほんとうに丁寧に添削してくれた。これ以上の英才教育はない。おのぶの詠歌はたちまち上達した。

それだけならば、才色兼備の美少女にすぎないが、おのぶは驚くべきことに撃剣を好み、しかも、おそるべき腕前に達した。兄の仙之助に剣術を習わせようとすると、いつのまにか、八つも年下のおのぶは稽古についていき、それを眺めている。家にかえって、兄が木刀をふるうと、おのぶも真似をして、棒をふる。

養女にしたとはいえ、お預かりした大切な「姫様」である。美しい顔に傷でもつけたら一大事と、まわりはとめた。

「まあ、あぶない。女子（おなご）がそのようなことを」

と、母がたしなめても、おのぶはやめようとしない。泣きそうな顔で、じっとみているので、常右衛門はかわいそうになった。

「では、すこしだけ、やってみるか」

常右衛門が、つい、その一言を放つと、おのぶは、にっこりと微笑して木刀を握った。それきり木刀を離さない。常右衛門が仙之助に稽古をつけてやっていると、おのぶは必ず傍らにきて、「えい。えい」と、愛らしい掛け声で木刀をふった。

このころになると、おのぶは自分が養女であることを知っていたように思われる。乳をもらわなくなっても、乳母の高橋があれこれと、おのぶの世話を焼き、それとなく、自分の出自について、高橋からほのめかされていた。それもあってか、おのぶは父の常右衛門が兄に教えようとすることは、なんでも一緒に学びたがった。なにか心の欠損を埋めようとしているように、おのぶは常右衛門の教授にどこまでもついてこようとする。常右衛門も、なんとなく、それを察して、仙之助に教えることは、おのぶにも分け隔てなく教えた。

仙之助は十五歳で前髪を執って元服したが、どちらかといえば蒲柳の質で、「妹のほうは剣をとっても強いのだが」と、ささやかれるほどになった。

おのぶが七つにならんとしていたときであったか。知恩院門前町の、おのぶの家を、見知らぬ侍が訪れた。いつもと違う、ただならぬ気配に、おのぶはすばやく反応した。侍は伊賀上野の若様、実父からの使いであった。

「おのぶは今、どうしている。一度、会いたい」

実の父がそういっているという。おのぶは、どうしていいのか、わからなかった。やさしい父母のもとから連れ去られるのではないか。幼い女の子にとっては、ただ、ただ、それが恐かったのであろう。

「自分の今の身を恥入る」

幼いおのぶは、たしかに、そういって「どこかへ隠れておしまいになった」と、その場にいた蓮月の乳母の子が、のちに語っている。

実父との対面は、それで一旦は沙汰やみとなった。

ところが、しばらくして、訃報が伝わってきた。

「去んぬる八月二日、藤堂新七郎様ご逝去あそばされ……」

おのぶの実父は三十二歳を一期として、あっけなく、世を去ったという。

(病身の父上は、一目、わが子に会いたいと、使いをよこしたにちがいなかった、自分はそれをむげに撥ねつけてしまった。なんというむごいことをしてしまったのか)

おのぶはこのことを悔やんだ。生涯、心の傷となったのであろう。蓮月となってからも、このことについては黙して一切を語っていない。実父が死んでしまえば、おのぶの人生も大きく変わらざるをえない。藤堂の若様が生きておれば、ゆくゆくは、しかるべき格式の武家に嫁いでゆくこともできた。才色兼備のおのぶのことである。実父が動けば、御家老だろうが御直参（ごじきさん）だろうが、縁談の口はいくらでも舞い込むにちがいなかった。養父の常右衛門のほうでも、おのぶの行く末をそのように考えていたふしがある。ところが、実父がいなくなったことで、その道も消えてなくなった。

この年、養父の常右衛門は知恩院に職をえるために名乗った「山崎」の姓をようやく返上し、本姓「太田垣」の名乗りを許された。

常右衛門の名を改め、

――大田垣伴左衛門光古とし、おのぶの兄・仙之助も元服して、

――大田垣亦市賢古

と名乗り、父子二人して、知恩院に勤仕しはじめていた。

「大田垣の家を武家にする」

鳥取を出てから十五年、ついに常右衛門は宿願をとげたといってよい。

ただ、気にかかるのは、おのぶの行く末であった。八歳になったおのぶは武芸においても、学問においても、群を抜いていた。常右衛門あらため伴左衛門となった光古のただひとつの望みは、おのぶの才を存分にのばし、幸せをつかませることであった。

一方、実父を失って以来、おのぶにも変化があらわれた。天真爛漫さはあるものの、おもざしにある種の屈託があらわれたのは、いなめなかった。この年、おのぶが養父光古と、どのような会話をかわしたのか、記録はなく、はっきりしたことはわからない。だが、おおよそのことは想像がつく。

おのぶは光古と、まだ生きているであろう、実母のことを話し合ったらしい。おのぶは気が強い、しっかりした子であった。実父の死にのぞんで、「生みの母は、どこで何をしているのか」と、光古にたずねてみたのかもしれない。あるいは「生みの母をみておきたい」と、はっきり、告げたことも考えられる。

これまで光古は、ひたすら、おのぶをいとおしむだけであったが、おのぶの身の振りかたについて、真剣に考えはじめた。まずもって、問題なのは、このまま一子賢古とおのぶを一つ屋根の下においてよいか、ということであった。

ともかく、おのぶは美しすぎる。兄妹同然に育てたとはいえ、血はつながっていない。おのぶが実父という後ろ盾を失った以上、賢古とおのぶをめあわせて、夫婦（めおと）にするということも考えられたが、もし、そうしないのであれば、世間の口さがない噂から、おのぶを守るためにも、おのぶをこの家から出さねばならない。おのぶは早熟であり、八歳とはいえ、すでに女としての輝きをみせはじめていた。

光古は、こう考えたらしい。

「この子の才は惜しい。しかるべき、彫刻をほどこせば、かならず天下の名器となろう。それには、自分のような小禄の寺侍の家庭で教養したのでは駄目だ。少なくとも、どこかの大名高家へ奉公でもさせ、広き舞台で修行させたほうがよいのではないか」（『蓮月尼全集』）

事実、そうであった。

おのぶの生母は、おのぶを産み落として、すぐに京都からひと山こえた丹波亀山の御家中に嫁いでいた。光古は、おのぶをよんだ。おのぶをきちんと正座させ、ほんとうの母上が亀山にいること、これからのことを考えれば、そろそろ、しかるべき大名の奥向きにでも奉公して諸芸を磨いたほうがよいこと、大名の奥ではあらゆる習い事ができることなどを、こんこんと説いたらしい。かたわらでは、おのぶをこれまで育ててきた光古の妻が、目を真っ赤にして、この話をきいていた。

「亀山には、おまえのほんとうの母がいる。その母上の縁をたよって、亀山のお城に奉公にあがらぬか」

八歳の女の子にとって、それはあまりに過酷な宣告であったかもしれない。しかし、おのぶは自分の運命に向き合った。

「母がいる」

「あらゆる習い事ができる」

この二つを希望のよすがとして、おのぶは亀山城にはいっていったのである。

亀山について、おのぶと実母とどのようなやりとりがあったのか、まったく伝わっていない。ほんとうに、二人が出会えたのかさえ、わからない。これも蓮月が生涯、口をつぐんだことであった。

亀山城の奥向き奉公にあがったおのぶは、すさまじい勢いで、諸芸に励んだ。和歌はもちろんのこと、舞、裁縫など、ひととおりの女の技を身に付け、人に教えられるほどになった。十歳となり、十五歳となるにつれ、容姿はますます美しくなり、人目をひいた。

「あれほどの美貌なれば、殿の御寵愛を受けるのも間近であろう」

そういう噂もたった。

ところが、間（ま）なしに「あの女は駄目じゃ」ということになった。

——男勝りにすぎる

と、いうのである。

とにかく、おのぶの武芸修業はすさまじかった。御殿女中として、なくてはならぬ薙刀だけにしておけばよいものを、ひまさえあれば「剣術をやる」といって、木刀を振り回している。そのうえ、どこで師匠をみつけたものか、

――鎖鎌

まではじめた。じゃらじゃらと鳴る金鎖の先につけた鎌を放り投げ、いつのまにか一撃必殺の使い手になっている。やたらに、御馬屋へ行きたがると思えば、いつのまにか、馬にまたがって稽古をしている。

極みつきは、竹竿であった。どこからか竹竿を手に入れてきて、なんとそれをつかって、城の塀を乗り越える稽古をした。

「あの女はまるで女忍びじゃ。あんなに綺麗な顔をして、とんでもないことをする」

城中の女たちは、あきれはてた。

後年、蓮月は上賀茂に隠棲したが、「こんな老婆になっても、三尺ばかりの棒があれば、一間（百八十センチ）ぐらいの塀は飛び越す」と平然といった。

こんなふうでも、風雅な歌を詠み、ただ座って黙っていれば、だれよりも気品にみちているのだから始末におえない。

奥勤めから宿下がりをしたときには、とうとう事件がおきた。ひさしぶりの京都である。おのぶは平素から気やすくしている娘たちと、紅葉狩りをかねて、清水寺に参詣にでかけた。ところが、むこうから酔っぱらった、みるからに下品な男が四、五人やってくる。いやな予感がしたと思ったら、男の一人がぱっと大手をひろげた。おのぶたちを通さない。しまいには、汚い手をだしてきて、戯れようとする。娘たちは、きゃあと声をあげ、顔を真っ赤にして逃げまわる。はじめは、おのぶも「勘忍してください。お通しください」と下手に出ていた。すると、男たちはますます図にのって、抱きついてきた。おのぶの、うなじに鼻をおしつけ、その匂いをかぎ、着物のうえから乳房をもみしだこうとした。

——技がでたのは、その瞬間であった

おのぶは、矢庭に、男の首筋をぎゅっとつかみ、たちまち、投げ飛ばした。それをみて、男たちの動きがとまり、顔を見合わせると、蜘蛛の子を散らしたように、一斉に、逃げ去った。その場にいた娘たちは、しばらく何が起こったのかわからず、目を丸くして、茫然と立ち尽くしていたという。

「おのぶさんは、あの美人で、すごい腕利き」(『蓮月尼全集』)

この一件は、知恩院の門前で大評判をとった。驚いたのは、養父の伴左衛門のほうであった。奥勤めをすれば、しとやかになると思っていたが、おのぶは、薙刀は免許皆伝、柔術で男を投げ飛ばし、鎖鎌をふるい、高さ一間の塀を飛び越える女になっていた。

そのうえ、おのぶは普通の女とは、どうにもちがった。

伴左衛門は、せめて着物ぐらいは、娘らしくしてほしいと、先日も、あでやかな振袖姿にして、町に出した。すると、また事件がおきた。

おのぶは骨董屋の店頭に足をとめた。大きな陶器の達磨さんがおいてある。じっとみた。なかなか趣のある逸品である。

おのぶは「この達磨さんを父上に見せたい」と思った。「いくらか」ときくと、それほどでもない。お代をはらって、買い取った。「大きいので、お持ち帰りはむずかしゅうございます。お届けいたしましょう」

と骨董屋の主人はいったが、おのぶは気が短い。はやく、持って帰って、父に見せたいうえに、腕力に自信がある。

「自分でもって帰ります」

と言い張り、大達磨を小脇に抱えて歩き出した。

十七、八の息をのむほど美しい女が、あでやかな振袖姿のまま、大達磨を抱えて町を闊歩しているのである。男たちの目を引かぬわけはなかった。通行人はたがいに袖をひき、

「あれ、あれ」

と指をさす。

「姉(あね)さん。なにしてはるんや」

しまいには、そう囃し立て、やじ馬がうしろからついてくる。

そうなると、さすがのおのぶも、にわかに娘心がでてきて恥ずかしくなり、ほおが赤くそまった。妙齢の美女のはじらいほど、美しいものはない。うしろからついてくる男はますます増えてくる。たまらなくなって、路傍の町家に駆け込んだ。ところが、その家は留守。おのぶは、達磨を預かってもらおうにも、人がいない。仕方なく、達磨を、がらんどうのその家に置かしてもらって、そのまま逃げ帰った。

「よそさんの物を盗んで逃げる者はいるが、物を置いて逃げたのは、おのぶさんぐらいしかいない」

これがまた笑いの種になった。面白いことは、面白いのだけれども、良家に嫁がせるには、ふるまいが変わり者すぎる。養父の伴左衛門は頭をかかえた。

「これはもう、うちに置いておくしかないのではないか」

そう考えるようになった。実際、そうしなければ、ならない事情になっていた。

おのぶが奉公に出ていたあいだに、仙之助つまり嫡子・賢古が二十歳で夭折してしまったのである。さらに不幸はつづいた。最愛の息子をなくした母は、すっかり憔悴(しょうすい)し、三月たたぬうちにあとを追った。跡取りがなくては、大田垣の家は絶えてしまう。伴左衛門は、ほかのことには淡白であるのに、家名のことだけは、滑稽なほどこだわる。養子をさがしはじめた。

そうすることで、心のすきまを埋めようとしたのだろう。

「わが大田垣家にふさわしい養子をとる」

と、あちこちに書状をしたため、つてをたよって、遠く但馬国城崎の在から、その少年を連れてきた。なんでも、但馬では由緒ある庄屋・田結荘家の四男とかで、名を天造といった。元をたどれば大田垣の同族だという。それを、

――大田垣望古

と、名乗らせ同居した。この少年は家では直市とよばれており、おのぶが奉公先の亀山のお城から宿下がりをして、実家に帰ると、顔を合

わせるのだが、どこか寂しそうな、陰気な感じのする少年で、その物憂げな感じを可哀そうに思って、一生懸命に話しかけても、少年の瞳は沈んだままで、最後には、ひどく虚無的なことをいって話がとぎれた。

養父はそういう直市のことを兄上とよべといったが、おのぶはなじめなかった。兄上といわれると、どうしても、体は弱かったが賢くて優しかった賢古兄のことを思いだしてしまう。内心では、養父も同じらしく、亡くした実子に才およばぬこの少年を情を殺して受け容れようとしているのがみてとれた。

そういうことに少年は敏感である。いつも鉛色の空の下で生きるような、あきらめきった表情で、時間をつぶしていた。おのぶは自分も養女であったから、そこのところには共感があったが、それでも直市とは心がつながらない。お城から宿下がりするたびに、直市と数日のあいだ、一つ屋根の下で暮らしたが、三年経っても、それは変わらなかった。むしろ、変わったのは二人の身体のほうで、それが始末におえなかった。おのぶは少女というよりも女になってきた。直市のほうもすっかり声変わりがして、帰省するたびに、男という感じがましてきて、おのぶが生理的嫌悪を感じはじめたその矢先、養祖母が死んだ。大田垣家に女手がなくなり、おのぶは亀山のお城から連れ戻され、

「そろそろ、祝言をあげよ」

と、養父にせまられた。おさななじみ、というだけで、恋心というものは、どこからも湧いてこなかった。ただ、妻子を失った養父がいた

わしかった。故郷の母のもとから引き離され、孤独な直市に多少の同情もあった。その同情をよすがとして、心を押し殺して祝言をうけいれた。

こうして、おのぶ（蓮月）は祝言をあげた。もとより洛東では評判の美人である。

花も恥じらう十七の年ごろ、花嫁衣装に身をつつみ、女の幸せの絶頂というべき婚礼の席に座った彼女の可憐な美しさは、のちのちまで語り草になるほどであったが、当のおのぶのなかには、どうにも言い尽せない、もやもやが残った。とても幸せになれるとは思えなかった。先行きの不安が、とめどもなく湧いて出た。心のなかに、ときめくものは少しもなかった。そもそも、はじめから男女の感情など、芽生えるはずのない結婚であった。

のちに、七十の老婆となったおのぶは直市のことを書状にしたためている。「おさななじみのお人ゆえ、直市さまの墓に一度は参りたい」と書いてあるだけで、夫だから、墓参りをしたい、とは一言も書いていない。おのぶのなかでは直市は生涯、「おさななじみ」でありつづけた。

しかし、養父には、そのような、おのぶの気持がわからない。

若い夫婦を婚礼の座にそろえた養父は上機嫌で、「桑のなかに蔦」の大田垣家の紋付姿となった直市のほうをながめながら、さもうれしそうにこういった。

「わが大田垣家と田結荘家はともに、袁米(おのめ)親王から出た同族である。

いってみれば、兄弟同様の家筋である。室町のころ、山名氏に属していたときも、ともに味方として助けあった間柄である。正しき血筋から、養子をむかえられて、うれしい」

古系図のうえでは、たしかに大田垣の家は袁米親王の末裔である。表米神社というのがあって、氏神として崇敬してきたというのであるが、その親王さま自体がまだ古墳が造られていたころの古代人であり、ふつうに考えれば、赤の他人といってよかった。ところが異常なほどに系図にこだわる養父は、それを「由緒」と考えた。但馬の田舎から、その「由緒」のある少年を無理やり都に連れてきたばかりか、おのぶに、めあわせた。

滑稽というほかなかったが、由緒にこだわる律儀な寺侍の養父にとっては大真面目な話なのであった。

おのぶにしてみれば「袁米親王の子孫だから」という、わけのわからない理由で、気にそわぬおさななじみと祝言をあげさせられたのである。ただ、そうしたことで、養父が妻を亡くした寂寞からよみがえり嬉々としていることは、うれしかった。肉親のつながりを断たれた寂しさは孤児のおのぶには痛いほどわかる。自分さえ、我慢すれば。

そう思って、運命をうけいれた。

しかし、そのさだめは、あまりにも過酷であった。直市との暮らしは地獄であった。

そんなことはなかった、という説もあるが、そうでもあるまい。蓮月（おのぶ）の所伝をあつめた村上素道が、おのぶの乳母の子までも見つけ出し、直市の郷里にまで問い合わせて、このころの蓮月の悲惨さを語らせている。

直市は、「家門の職務を勤めんともせず、世に稀なる才色艶美なる妻女を袖にして、朝夕、放逸、怠惰に身を持ちくずし、悪友に近づいて、博打にふけり、酒色におぼれ、果ては養父と口論し、妻のおのぶに暴力をふるった」。これが真実に近かった。

はじめ、おのぶと直市の夫婦仲は、うまくいくかと思えた。直市は家を空けることもなく、すぐに男の子が生まれた。ところが、これがいけなかった。その男の子は、乳の吸いが悪く、流行り風邪でももらったのか、どんどん弱っていって、生まれて一と月も経たぬうちに、死んだ。おのぶは泣きに泣いて、知恩院の裏山の墓地に、その子の遺骸を埋めた。

直市には、これが堪えられなかったのかもしれない。いつしか家を空けて、遊蕩にふけるようになった。

（男の人は弱い）

と、おのぶは、つくづく思ったが、責めれば、ますます、家に居つかなくなる。産後の肥立ちの悪さと、愛児を失った虚脱感と、夫の裏切りに、おのぶは、ひたすら堪えた。しかし、それもよくなかった。おのぶが我慢すればするほど、貞婦として振る舞えば振る舞うほど、夫の直市は軽蔑されていると感じ、遊びが激しくなり、ついには、おのぶを殴った。

直市は生まれつき出来が悪かった。実家でも兄のほうが人柄も学問も優れていて、母親は兄に期待していた。そういうわけで、自分だけが遠いこの都の家に養子にやられた、と思いこんでいるようだった。あの物憂げな、直市のまなざしは、そのさみしさのあらわれにちがいなかった。しかも、養子先にいたのは、都でもつとに知られた才色兼備のおのぶであり、藤堂氏五千石の血筋というのだから、血統においても到底かなわぬ相手であった。夫がすさんでいく理由がわかるだけに、おのぶは心をいためた。

（また、子どもでも産れれば、夫もすこしは落ち付くのではないか）

そういう淡い期待をこめて、おのぶは、時々、求めてくるままに、直市に体をゆだねたが、結果は同じであった。二十のときに女の子がうまれたが、可愛い盛りの二つで死んだ。二十二でまた女子を得たが、これも四つを数えたところで、また亡くした。このように産れてくる子どもは無情にも続々と死んで、そのたびに、夫の生活が、ますます、すさんだ。

さらに悪いことは続いた。夫の母親が死んだ。危篤だというので、嫁として大坂で医を開業している夫の兄のところにいくと、蚊帳のなかに夫の母がいて、冷たくなっていた。そのあたりからの直市の目はいっそう暗く沈んだ。何をするでもなく、食事さえとろうとしなくなり、ついには、体の調子もはかばかしくなくなって、知恩院の勤めも怠りがちになった。ここに至って、さすがに、養父も古系図に頼って聟養子を連れてきたおのれの非を悟り、

「離縁せねばなるまい」

と、いった。だが、おのぶは止めた。

「あと一年と半年だけ、待ってください。そのあいだに、わたしのほうからも、諫めますから。どうか」

とりすがった。もし、いま離縁すれば、夫は、どうなるかわからなかった。心のつながりがなければ、人は生きてゆけない。細い糸のような、それをぷつりと断ってしまっては、この人の行き場はなくなる。

そういう嫌な予感がした。

しかし、養父はいった。

「望古（直市）の兄は医者というではないか。そこで養生したほうが、良いのではないか。とにかく、ここには置いておけない」

おのぶの目からは涙がこぼれてきた。たしかに夫は放蕩も無頼もしている。しかし、ここで見放してよいものか。ただ、これからのことを考えれば、到底、やっていける自信もなかった。周囲はみな離縁をすすめてくる。

「おのぶさんほどの器量よしやったら、いくらだって良縁が舞い込むやろに」

というのである。

そういわれると、いよいよ泣けてきた。おさないころから、ともに暮らしてきた夫は、もはや病気というべき状態である。それを捨てて、もし自分が再婚し、良縁にめぐまれれば、繊細きわまりない直市はいよいよ孤独の淵に立たされ、その心はずたずたになるにちがいない。おのぶはそれを思った。貞婦というのではない。人として、しのびない、と思ったのである。

しかし、知恩院との関係でいえば、そうもいってはいられなくなった。大田垣家には知恩院の譜代士としての勤めがある。それができない直市をこのままにしておくわけにもいかない。とうとう、おのぶは折れて離縁を承知した。しかし、こう言い添えた。

「こうなった以上、父上のおっしゃるとおり、離縁いたしましょう。しかし、わたしは二度と、夫は持つつもりはありません。それは承知してくださいますね」

こうして、おのぶは直市と別れた。直市は兄のいる大坂に下っていった。しかし、この離縁は人を殺したも同然の結果となった。おのぶと別れた直市は、ほどなくして、息を引き取ったからである。それは、廃人同様の死であったという。

そのしらせは、涼しい秋風が吹きはじめた月の季節にきた。夜ごとたちのぼってくる美しい月を、おのぶは直視することができなかった。月は人の心を映し出すという。心の闇にまどい、自分がしてしまったことの結果の恐ろしさに、おのぶはおのれを責めつづけた。

それから実に五十年ちかくたって、蓮月尼となったおのぶは、直市の兄に書状をしたためているが、当時をふりかえり、さいごに、告白にも似たこんな歌を書き添えている。

――いにしへを月に問はるる心地して　伏し目がちにもなる今宵かな

このようななかで、おのぶの心をささえてくれたのは和歌であった。

二十五歳にして、養父と二人だけの暮らしとなったが、このころから、また歌学の教養をしっかりと積みはじめた。おのぶのいた知恩院界隈には学者が多い。なかでも気になって仕方がなかったのは、子どものころ、すこしばかり手ほどきをうけた、

――上田秋成

であった。

ただ、手ほどきをうけたといっても、まだ幼かったから、ままごとのようなもので、和歌の稽古というようなものではなかった。第一、狷介をもって知られるこの文人は、けっして弟子をとらなかった。

「わしは、もう弟子はとらぬ」

といい、それでも家に出入りしようとする門人には、杖をふりあげて打ちたたくなどして追い払っていた。

「上田先生はほんとうに御弟子をたたき出す」

というのが、町内のもっぱらの評判で、滅多に人をよせつけなかった。

おのぶが祝言をあげたころには、もう七十の坂を下りはじめた老人で、すでにその両眼は光を失っていた。不自由な手足をひきずるようにして動くこの老人の暮らしぶりは、まったく変人といってよかったが、おのぶはその変人ぶりが好きであった。

家の中には、筆や硯のほかは、茶具が数点、そして古びた布団があるだけで、そのほかは一切ない。さらに、驚いたのは、老妻を失ったときこの当代随一の大家は、人目も気にせず、畳のうえに、転がり、まるで赤ん坊のように、足摺りしつつ泣き叫んでいた。妻を失ってからは、養女の尼さんがきて、世話をしていたが、そのうち、南禅寺のほうに引っ越して、小さな茶畑を買い、その茶葉で茶をたてて、ずるずるとすすっていた。

おのぶは、この変な老人から、歌についていて、いくつかの言葉をきいた。そのころ、京師の歌壇で一世を風靡しはじめていたのは、香川景樹であった。桂園と号し、養父とおなじ、因幡鳥取の出であったから、おのぶはこの門が気にならないではなかった。しかし、この老人がはっきりこういっていたのを覚えている。

「あれは歌の狂なるものじゃ」

秋成にいわせれば、香川の歌風は偽物であった。

「歌はことわりにあらず、調ぶるものなり」

香川の歌は、口調のよさに重きをおいて、人の思いを陳述すること

を軽んじている、といった。そうしたとき、かならず、秋成がいうのは、すでに死んでしまった、

——小沢蘆庵（ろあん）

のことであった。

「あれは、わしの魂の友であった。歌を学ぶのであれば、蘆庵に学べ」

といった。

この小沢蘆庵というのも、また変人であった。人の心のなかに、素直でない、不正直なところがあるのを、まったく許さない性質であり、世辞というものを一切つかわない。あるとき、友人から海老を送られた。ふつうなら、ありがとうとでも礼状をだすところであるが、この

蘆庵は「嘔いてしまうといけない。食べなかった」と書き送った。信州から蕎麦をおくられると「以前にもらったのは、粉に混ざりがなかったが、今度のは混ざり気があった」などと書いた。

万事がこの風であったから、蘆庵は、いつも貧しかった。いっときは鷹司家の家臣となっていたけれども、老母をおいたまま、関東に下れと命をうけたとき、道中、公然と「母親があわれである。早く帰りたい」といい続け、ついに召し放たれて浪人となった。浪人になってからは、しかたなく人に和歌を教えて暮らした。そして、いつも上田秋成のところにやってきて、あれこれと世話を焼いたと、おのぶはきいている。

本居宣長が、

「小沢蘆庵は当代きっての歌人」

といったほどだから、豪商三井家の一族もその名声をきいてこぞって入門し、束脩（月謝）の実入りも多かった。ところが蘆庵はたった一つのことで、この富家の人々を一挙に破門した。自分が重篤の病に臥したとき、この三井家の人々は、ただの一度も訪れなかった。貧しい門人たちは見舞いにきてくれた。蘆庵はこういうことが許せなかった。

「富商には、人のまことの心がない」

そうおもったのであろう。

――人の世の富は　草葉に置く露の　風を待つ間の　光なりけり

と、短冊にしたためて、三井家におくりつけて破門した。

（命には限りがある。富などは死ぬまでの、ちょっとした光にすぎ

ない。人として一番大切なことがわかっていない者に歌を学ぶ資格はない)

それが蘆庵の理屈であったが、世間はそれを変人と見た。とにかく、うわべだけの付き合いというものを蛇のように嫌った男で、人が何かにとらわれて不正直に生きることのまずさを、これほどはっきりといった人物はこの時代いない。

そのような逸話をきくにつれ、おのぶは、このすでにこの世にはいない変人に興味を感じた。

おのぶは、蘆庵の歌集を手に入れ、ぼろぼろになるまでめくって読んだ。それは真っ正直な歌であった。その歌論は、香川景樹のものとは、まったく逆であった。蘆庵は「ただこと歌」を詠めという。

――ただ今、思える事を、自分の言える詞でもって「ことわり」の聞こえるように言い出す。これを歌という。

さらには「歌とは、素直なる心にかえる道である」ともいっていた。

おのぶは、とりわけ、この言葉に心をひかれた。そもそも、人はどうして、心の道を踏み惑い、ふしあわせになるのだろうか。おのぶにとって、和歌は、そのことを考える道しるべであった。蘆庵の歌には、そのことへの答えがあるような気がした。おのぶは蘆庵の歌を書き抜きはじめた。

「安からん　大路は行かで　岩根踏み　賢(さ)かしき道に迷ふ　世の人」

おのぶは、蘆庵の歌を書き抜きながら、おのれの小賢しさを思った。

幼いころから、才媛とうたわれ、およそ技芸のうちに出来ぬものはなかった。幼いころから、美しい容貌を褒めそやされ、知らずしらずのうちに、世間というものに、うけいれられる生き方をめざしていた自分に気づいた。父に従い、夫に従い、貞婦の道を歩んできたが、あるいは、そういう自分の生き方が、人をふしあわせにしてきたのかもしれなかった。直市との祝言にしても嫌なものは嫌だとあのとき、どうしていわなかったか。夫婦になってからも、泣きたいときに泣き、夫に怒りたい時に怒っていれば、あるいは、あの人を死なせずにすんだのではないか。ところが、自分はそうせず、能面のような顔つきで、賢妻を演じつづけた。そのことで結果的に、あの人を殺してしまったのではないか。そう思えてならなかった。

「素直なる　心ことばは　いにしへに　帰らん道の　姿なりけり」

和歌は素直な心を生きるものであるという。おのぶには、蘆庵の言葉が心にしみた。

「言葉というのは、いくら言い散らしても、花を思えば、実はない。言葉というのは、人の心の声だから、思いのたけを述べるほかはない。思うことを言わずにいられないと思うと、草木でさえも風に託して、声をたてるのだから……」

この言葉をたよりに、おのぶは、心の声を和歌に託して、つむぎはじめるようになった。

おのぶに再婚ばなしが出たのは、夫と別れて、四年目の春のことであった。いや、それまでも、父のもとには、しばしば縁談がきていた。おのぶはすでに二十九になっていたけれども、若々しい美貌を保っていた。涼やかなその立ち姿は、どうみても二十すぎの娘にしかみえない。すこしばかり、やつれはしたけれども、かえって、濡れ柳のようなしおらしさが加わって、秀麗な容姿が目立つようになった。都大路を歩けば、ずうずうしげな京の男に、じっとみつめられる。その視線をさけて、小走りに先をいそぐ日常は、生娘のころから、いささかも変わりない。

はじめての結婚が破鏡におわってからというもの、前夫も、前夫とのあいだにできた子どもも、次から次へと死に絶えた。結局、自分にとっての結婚とは、夫とその三人の子どもを死に追いやるだけのものであったのではないか。自分と無理な結婚さえしていなければ、あの幼なじみの夫は傷つくこともなく死なずにすんだであろう。子どもも死なずにすんだであろう。夫婦になることによって生み出される果てしのない悲しみを知ってしまったおのぶは、どこのだれとも、ふたたび、偕老の契りをむすぶ気にはなれなかった。地獄へゆくまで、どうにか一人でいたい。そう願った。

父のほうも、はじめの三年ほどは、おのぶの心中を察して、再婚のことなど、おくびにもださなかった。しかし、父も六十五歳をむかえ、このごろ、めっきり衰えた。知恩院御譜代の寺侍としての勤仕が、老いの身には、つらいらしかった。

「こんなことをいっても詮方ないが、ときどき賢古が生きていてくれたら、と思うてしまう。おまえと夫婦になって、親子三人で暮らして……」

と、時折、繰言をいうようになった。気がつくと、仏壇のなかの、死んだ兄・賢古の位牌をじっとみていることもあった。

賢古は、父にとって、最後に残ったたった一人の実子であり、おのぶにとっては血はつながらぬが、優しい兄であった。本来ならば、おのぶは、この血のつながらぬ兄と結ばれるはずであった。父は、老いるにつけ、うわごとのように、賢古の死を嘆く言葉をくりかえした。

――おのぶと賢古

という、現実には、つくられることのなかった理想の夫婦のことを口にした。

貰われ子の、おのぶにとって、これは何よりも、つらかった。寄り添ってくれる家族のいないかなしみは、だれよりも自分がわかっている。血はつながらぬとはいえ、父の光古は、おのぶにとって唯一の肉親である。どんなことをしてでも、父に、さみしいおもいは、させたくない。自分が結婚をこばみ、聟養子をとろうとしないために、父が生気のない虚ろな表情になっていくのは、身をきられるよりもつらい。おのぶは、そっと台所の隅にいって涙をながした。

ふつう、武士は六十歳にもなれば隠居する。はやいものは、五十そこそこで隠居願いを主家に出す。父のように六十五にもなっても嫡子さえ定めず、日々の勤仕を続けているのは、譜代席をもつ武士としては、尋常でない。

事実、父は、自分に気兼ねして、聟養子の話をすべて断っているらしかった。それがために、老いた体をひきずるようにして勤めを果たしている。そう考えると、いたたまれない。

（わたしさえ、堪忍すれば……）

ふたたび、その考えが、おのぶの脳裏をよぎりはじめた。おのぶは、もう一度だけ、父の望みにしたがって、縁談をのむ覚悟をかため、きっぱりといった。

「父上。人というのは、はかないものでございましょう。父上とて、いつどうなるやら、わかりませぬ。よくよく考えてみましたが、わたくしもやはり御養子をむかえるより仕方がないとの考えにいたりました」

それは、父にとって、願ってもないことだった。しかし、父はおのぶの心中がわかっている。

「おのぶ。それで、ほんとうによいのか。わしはもともと因州の百姓の出じゃ。御門跡様はそのわしを御譜代にお取立てくださった。せっかくいただいた御譜代の家を絶やしては申し訳がたたぬ。それゆえ、養子はせねばならぬが、家を絶やさぬというだけならば、おまえはそのままにして、他人の夫婦をむかえて、大田垣の名跡だけをつがせることもできるぞ」

「……」

おのぶが黙っているのをみて、父は言葉をつづけた。

「おのぶ。勝手なことをいわせてくれ。おまえは、わしのほんとうの子ではない。しかし、おまえは、わしにとって、たった一人の、それも自慢の娘じゃ。おまえを貰って育てているときから、わしは、おまえが自分の娘であることが、うれしくて、うれしくて仕方がなかった。おまえがほめられると、自分がほめられているような気がした。いや自分がほめられているよりも、うれしかった。こんなことは考えてはならぬとおもったが、実は、おまえのほんとうのお父上がお隠れになったとき、わしは内心、ほっとした。もう、おまえを何処にもやらずにすむ。もう、おのぶは、わしのものだ。そう思ったからじゃ。本心をいおう。わしはどうしても大田垣の家督をおまえの子に継がせたい」

老父の目からは涙がこぼれていた。はじめてみる父の涙であった。おのぶも涙ぐんだ。養女としてこの家にきて以来、はじめて、たしかな居場所を得たような気さえした。

「わかりました。わたくしは聟をとることにいたします。しかし、父上。わたくしには、長年の念願があります。み仏に仕えたいのです。今度、夫にもしものことがあったら、そのときは、即日、髪を下ろしたいと存じますが、それはお許しくださいますか」

「もちろん。これが父の最後の頼みじゃ。そのときは、この父も出家する」

（もう二度と、おのぶを不幸にしてはならぬ）

そう思ったのであろう。父は、慎重のうえにも慎重を重ねて、聟をえらんだ。

——井伊掃部頭(かもんのかみ)様御家中、石川広二光定三男、重二郎

それが新しい聟であった。それから、しばらくが、おのぶにとって、

もっとも華やいだ時期であったかもしれない。

聟の重二郎は父が見込んだとおり、優しい男であった。彦根藩井伊家といえば「井伊の赤鬼」といわれるように、荒武者が多いことで知られた。しかし、それも慶長元和のころの昔物語であるのか、重二郎には、そのような荒々しさがみじんもない。むしろ蒲柳の質といってよいほどの華奢な体つきで、慈愛にみちたほほえみの美しい青年であった。万事にひかえ目であり、それでいて卑屈なところはない。父と重二郎は、まるで実の親子のように、二人して弁当を腰にさげ、知恩院に出仕した。

「おのぶさんは、ほんに、ええ聟はんをもらわはったわ」

と、近所でも評判になった。おのぶは夫婦の幸せというものをはじめて知った。すぐに子ができた。女の子であったが、父の喜びようは、ひととおりではなかった。

「もう、これで思い残すことはない」

と、家督を重二郎に譲って隠居した。そして、とうとう待望の男の子が生まれた。

しかし、不幸のかげは、どこまでも、おのぶについてきた。結婚して四年目の春のことである。おのぶと重二郎は春冷えのなか、夫婦親子して東山の桜を愛でた。重二郎が、こほこほと不審な咳をしはじめたのは、そのときであった。はじめは風邪でもひいたのだろうと気にもとめなかったが、医者にみせて薬をのませても、一向によくならない。微熱がつづき、ついには床に伏した。おのぶは片時もそばをはなれない。蒸し暑い夏場だというのに衣服の帯もとかず、昼も夜もなく懸命に看病したが、最愛の夫は弱っていくばかりで、五月雨の音をきくころには、もはや回復の見込みのないほどに痩せ衰え、六月の末に至って、ついには危篤となった。

おのぶは心をきめた。それは夫に意識があるうちでなければならぬと思った。おのぶは、まさに死の床についている夫の前で、美しくのびたみずからの黒髪を切り落としはじめた。まだ息のあるうちに、終生菩提をとむらって暮らすと伝えたかったからである。

その翌日、重二郎はこと切れた。おのぶは三十三歳にしてふたたび、寡婦になった。

それから数ヶ月の、おのぶの有様ははたからみても無残なものであった。夫を失った直後に、おのぶがしたためた書状が回屋町の小野家に残っている。

——みせうそこ、たうばり、しぼりあけて見侍るにも、ただ夢のここちし侍りて

おのぶは、しばらくのあいだ、ほとんど人事不省の状態であったといっていい。ひがな一日、亡き重二郎の着ていた御装束（衣服）をだきしめ、贈られた思い出の品々をながめてくらし、ときどき、まるで腹わたをしぼりださんばかりに嗚咽した。重二郎のなきがらが荼毘にふされた時のことを、のちに和歌に詠んでいる。

「立ちのぼる　煙の末も　かきくれて　末も末なき　心地こそすれ」

「ともに見し　桜はあとも　夏山の　嘆きのもとに　立つぞ悲しき」

夏が来て、東山三十六峰のつらなりが青々とし、大文字の送り火を待つばかりになっても、そのかなしみは癒えることがなかった。

しかし、そう嘆き悲しんでばかりもいられない。おのぶには重二郎の忘れ形見である乳飲み子がいる。さらには五つの娘がいて、すっかり老けこんでしまった父の世話もあった。父は「わしも剃髪する」といい、重二郎ゆかりの井伊家中のなかから、風見平馬義弟、太三郎という者を連れてきて、大田垣の家督をつがせた。いま、おのぶの乳を飲んでいる男の子が無事に育てば、この子に家督を戻す。その約束で、太三郎を養子にとったのである。

――嫡孫承祖（ちゃくそんしょうそ）

武家にはそういうならいがある。孫に祖父の家督をつがせることであり、孫があまりに幼くて勤めにたえられぬときは「番代」といって、他人を養子にして中継ぎとするのは、それほどめずらしいことではなかった。

こうして、大田垣家の家名を絶やさぬようにしておいて、父は知恩院の御門主様に、出家剃髪を願い出た。さすがに、父は知恩院のなかで生き字引といわれるほどにまでなった周旋家だけあって、

――真葛庵（まくずあん）

の住持となった。大変な厚遇といってよい。

真葛庵というのは、真葛ヶ原にあるからである。知恩院の南のほうは、なだらかな谷になっていて、真葛ヶ原といった。かつては、真葛や枯れススキが生い茂り、野狐がとびはねる荒涼たる原っぱであり、

これをみて、西行法師が有名な歌、

「願はくは　花の下にて　春死なん　その如月の　望月のころ」

を残したところである。

そういう歌枕にもなりそうな地であったから、室町時代になると、この地には「京の六阿弥」とよばれる六つの庵が立ちならび、足利将軍をはじめ、風流を楽しむ数寄者へのもてなしをはじめた。この国の懐石料亭は、この真葛ヶ原の六阿弥にはじまる。

そんなところであったから、真葛庵は小庵とはいえ、文人墨客には知られた存在で、かつては本居宣長などもここにきて即席の詩文を作った。

西行が「満開の桜と満月のもとで死にたい」といった地であったか

らであろう。西行の心ということで、

――父は西心。おのぶは蓮月。

という法名を知恩院門主から授けられた。

おのぶは、父とともに、二人の子を連れて、この真葛庵に入った。知恩院はおおらかな寺である。子連れでの出家は奇異のようにも思われるが、この寺では許された。それどころか、ここでは僧がしばしば女を寺内においた。この事実上の妻のことを隠語で「大黒はん」という。知恩院にも大黒はんをもつ僧がめずらしくなく、老中がきまじめな松平定信になってから、突然、この大黒はんの取締りがなされて大騒ぎになったが、それも一時のことで、ほとぼりがさめると、またもとに戻った。

真葛庵は入り口がおもしろい。知恩院は正門である三門から入ると坂がきつい。老人や女人は三門の右手の女人坂から石段を登ってゆく。真葛庵の門は、その女人坂の中途にあって、門をくぐると、すぐに小さな蓮池があり、蓮池にかかった石橋をわたって庵に入るようになっている。

蓮月尼となったおのぶは、この石橋のうえから、蓮の花をながめるのが好きであった。泥のなかから、天空にむかって、すうっと一筋の茎がのびてきて、そのさきに、この世のものとも思われぬ、まるで月世界をみているような、まあるい蓮の花を咲かせる。

「汚い泥のなかから出て、どうして、あんなに美しい花をさかせるのでしょうか」

けぶるような、蓮の花をみながら、おのぶはよくそういった。自分のことを、汚い泥だと思っているかのように、石橋のうえからうっとりと蓮をみながら、まるで、そこにだけ、救いがあるかのようにいった。

蓮月にとって、真葛庵での暮らしは、満ち足りたものであった。父もいれば、わが子もいる。三十三年、生きてきて、はじめて心の安らぎを得たといってよかった。真葛庵は苔庭が美しい。五つになる娘が、よちよち歩きをはじめた男の子をつれて、遊んでいるのをみて、父は目を細め、その父を相手に、蓮月は囲碁の相手をした。父はっとに知られた囲碁の上手である。やっているうちに、めきめき上達し、初段ぐらいはすぐに打てるようになった。「これなら、囲碁を教えても食べていけそうじゃ」と、父は軽口をたたいた。そのうち、父の碁友たちが「一手、試みたい」と言いだしたが、どんなにいってきても、蓮月はただ、ほほえみかえすだけで遠慮した。あきらめて、碁友たちが帰ると、父は笑っていった。

「あやつらは盤面よりも、おまえの面をみたがるからな」

この幸せな日々は、いつまでも続くかと思われた。だが、そうではなかった。まず、七つになったばかりの娘が死んだ。花まつりの日には、うれしそうに甘茶を飲んでいたというのに、あっという間の出来事であった。さらに、その翌々年の正月には、最後に残った、男の子まで死んだ。蓮月の手元には、死んだ子どものかわいらしい小さな着物だけが残された。これには父の西心がこたえた。煩悩を絶つべき出家の身とはいえ、もはや大田垣の家を娘の子に継がせることができなくなったことを悟り、すっかり傷心して、老け込みがはげしくなった。それでも生来の几帳面さは変わらぬらしく、盆がくると、ひとつ、ふたつ、みっつと正しく、萩の花を数えて手折り、死んでいった子や孫たちの数だけ、墓所に供えた。ただ、それも五年ほどのことで、天保三（一八三二）年の八月十五日、お盆の送り火がたかれるなか、燃え尽きるように、静かに逝った。七十八であった。

そこからは、また悲惨がはじまった。真葛庵は尼寺ではないから、住持を継ぐわけにはいかない。尼となったとはいえ、蓮月は美しすぎた。すでに齢は四十二を数えていたが、陶器のような白い肌は、男を魅きつけるに十分であった。新しい住持がきまれば、このような美貌の尼をおいておくわけにはいかない。蓮月尼はまったく行き場を失った。ふらふらと知恩院本堂裏の階段をのぼり、さびしい山の中の墓地にある大田垣家の墓にたどりつくと、墨染めの衣のまま、寂たるなかに、立ちつくし、日が沈んでも、なお墓地の闇のなかにいつづけた。

「蓮月はん。無用心すぎるわ、あんた衣を剝がれて、手籠めにされたらどないします」

そういって、まわりが必死に止めると、ようやく墓を下りたが、日々、夜明けから日没まで墓にいるのは変わらなかった。思いつめた蓮月は、とうとう「墓のかたわらに棲む」とまで、いいだした。大田垣家の墓地に一間ほどの小屋がけをするというのである。そんなことができるはずもない。寺のほうが「墓所は人の住むところにあらず。

左様のことは相成らぬ」といって説得し、ようやく、思いとどまったという。蓮月は、のちにこのときのことをこう記している。

「この近きところ（父の墓）に居らばや、と思へど、山の上にて人の住むべきところにもあらねば、泣く泣く、神楽岡崎に移りぬ」

こうして、蓮月は神楽岡のふもと、聖護院村の人家のはずれ、裏がすぐ田畑になっているようなところに陋屋を借りて住んだ。真葛庵を出たからには、自活していかねばならない。すぐに出来るのは囲碁の師匠であった。父の跡をうけて、いっそのこと囲碁を教授すればよい。しかし、これは男相手のことになり、妙ではない。指折り数えてみれば、人に教えられる芸事が囲碁を入れれば七つほどあった。

――薙刀・鎖鎌・剣術・舞・歌・裁縫

しかし、尼になったいま、教えられるものは少ない。まず武芸はいけない。尼が刀を振り、人の仕留め方を教えるわけにはいかない。舞もよくない。墨染めの衣では、舞ってみせるわけにはいかない。裁縫も駄目である。もっとよい師匠が町屋にいる。そうすると、たいした実入りにもならないが、和歌の教授しかない。弟子をとることにしたが、これがよくなかった。

尼になったものの、蓮月は、美しい匂いをなおも遺していた。それを求めて、心を動かされる者が少なくなく、男たちがたかってきた。和歌を教えてもらいたいというのは口実で、たいていみな蓮月の色香が目あてであった。まじめに歌道に専心しようとする弟子もきたけれども、そういう者はまれで、たいていは蓮月の美貌を目当てに近寄ってくる。なにせ、妻子ある者までが、後家の尼とみると、露骨に口説いてくる。仏門に入ってから、けっして人を憎むまいと、心に誓ったものの、ほとほと、男というものの性にあきれ果てた。色即是空というが、自分がこのような容姿でなかったら、果たして、あの男たちは自分によってくるであろうか。仏の道とは逆の、世間の空虚さが群れをなして、こちらにやってくるように思えた。

そこで、蓮月は、眉毛を抜いてみることにした。眉を抜けば、いくらかは容貌がそこなわれると思ったからである。毛抜きで一本一本、眉の毛を抜いた。痛みがあったが、痛みを感じるごとに、老婆のごとき醜さに近づくような気がして、嬉しかった。

しかし、眉を抜いたぐらいでは、蓮月の天性の美貌はびくともしなかった。近藤芳樹という国学者が、この頃、蓮月尼に面会しているが、「わざと、荒々しい汚げな衣をきて、眉毛をとっていたが、それがかえって、顔の美しさをひきたたせていた」と、後年、回想している。

そのうち、近所の村人たちが、根も葉もないことを噂する。噂をたてられるだけなら、かまわないが、蓮月の美貌が目当ての男はきまって人のいないときを狙って、庵に上がりこむ。はじめは、たわいのない話をしているのだが、そのうち、陰のある目つきになってきて、「なあ、ええやろ。あんたかて、さみしいやろ」

と、しまいには、そういうことを、ささやく。そういわれると、恐怖にも似た、たとえようのない嫌悪感が体のなかから反射的に突いて出てしまう。このような男への嫌悪がわくということ自体、まだ修行が足りない。自分はまだ女の体なのだと思うと、さらに気が滅入った。そのことのほうが、男に犯されるよりもつらかった。そもそも、自分は不義によって、この世に生まれた。色への欲が、どれだけの悲しみを生み出すかは、身をもって知っている。

剝き出しの性欲でせまってくる男は、まだよかった。そのうち、心をこめた玉章をしたためてくる若い男があらわれた。蓮月に還俗をせまり、まっすぐにこちらをみて、誓いをたて、「自分と夫婦になってくれ、かならず幸せにするから」という。その男に真摯さには逃れがたいと思わせるものがあった。

蓮月がその挙にでたのは、そのときであった。

「わたくしは、みほとけに仕える身です。あなたに言い寄られるとは、その覚悟が足りないのだと思います。わたしのかたちがよくないのでしょう。しばし、お待ちください」

そういって、襖のかげにまわった。その直後、襖のむこうから、おし殺したような、気味の悪い、呻(うめ)き声がした。男が、襖をあけると、蓮月がのたうち、口から血が噴き出し、悪鬼羅刹の如き面相で手を動かしている。みれば、むこうに千斤秤(せんきんばかり)があり、それからのびた血だらけの糸が、すうっと蓮月の口にむかって、弓なりにのびていた。はじめは何があったのか解からなかった。しかし、次の瞬間、男はその異常な事態を悟った。蓮月は血潮に染まった口に指を突っ込み、千斤秤からのびた糸を前歯にくくりつけている。恐ろしいことに、蓮月は、千斤秤でもって前歯を引き抜き、老婆のごとき面相にみずからを変化(へんげ)

させようとしているのであった。すでに前歯が一本、血まみれになって床に転がっている。その激痛に耐えながら、蓮月はさらに歯を引き抜こうとしていた。抜くたびにとめどなく、血が、したたり落ちる。男は泣き叫んだ。半狂乱になって、やめてくれ、やめてくれと、叫び続けた。

それでも、蓮月はこの身体破壊をつづけた。呻いては抜き、呻いては抜いていく。美しい女が突如としてはじめたその反復行為に、男はとうとう神経がたえられなくなったのか、戸を開け放ち、疾風の如く、外へ駆け出した。あとには、蓮月がのこされた。

歯抜きをしてからというもの、さすがに言い寄る者はいなくなった。真剣に還俗をせまってきた若い男は、二度と、やってこなかった。聖護院村の村人も、噂をたてなくなった。

「蓮月はんは、綺麗な顔してはるけど、こわい御人や。あれは男より強いで。なにかの因縁で男がまちがえて、女に生まれてしもうたんとちがうか。そういえば、肩などは怒って、まるで男そのものの体つきやもの」

そういわれるようになって、蓮月はようやく静寂をえた。

後年、蓮月が穏やかな老尼であったこともあって、この歯抜きは嘘であろう、という者が多かった。吉田松陰を教えた森田節斎もその一人で、あるとき、南画の富岡鉄斎に「あれは嘘だろう」と尋ねたことがある。ところが蓮月と同居して育った鉄斎はかぶりを横にふり「嘘ではない。蓮月尼はそれぐらいのことはする」と答えたと伝わっている。

そのような次第で和歌を教えられなくなった蓮月はまた途方に暮れた。

米櫃のたくわえも底をつき、喰うや喰わずとなって、蓮月の頬は、こけてきた。美しかった容貌は、しだいにやつれ、このままでは餓鬼のごとくにならんかと思われた。しかたなく、托鉢にでた。

よろよろと歩いて、京のはずれ粟田口（あわたぐち）までできた。そこには懇意の老婆がいた。

——粟田焼

という陶器を家業としている老婆であった。

粟田口というのは京のはずれで、旅人はここから蹴上（けあげ）の坂をのぼって東国にむかう。都はここで果てるから、旅人はこの粟田口でみやげを買った。老婆は旅人相手にみやげ物の粟田焼を売っていたのであるが、蓮月のあまりの憔悴ぶりをみて、あわれにおもったのであろう。恐る恐る、こう、もちかけた。

「蓮月さま。こんなことをいうては失礼かもしれませぬが、埴(はに)細工をなさってはいかがです。あなたは歌をおやりになる。手捻(てびね)り細工の陶器をつくって、それに歌でもお彫りになったら、あなた、お一人ぐらいの口過ぎはでけますやろ。冬は手が荒れて、つらい仕事やけど、随分、面白いもんです。土をさしあげますし、ひねりかたも教えまっさかい、やらはったら、どうですやろ」

「手が荒れてしまうのですか」

聞くなり、蓮月の目がにぶく光った。それは彼女の切望するところであった。

蓮月は土をこねはじめた。一旦、のめりこむと地獄の果てまで追いかけていく激しい性格である。雨の日も、風の日も、老婆の陶房に日参して埴細工をならい、しまいには土を庵にもって帰り、寝食を忘れて一日中、泥と格闘しはじめた。白く美しかった細指は醜く荒れて、たちまち、老婆のそれに変じた。

江戸人の手指へのこだわりはすさまじい。歌舞伎の所作をみればわかるが、江戸時代までの日本人は顔かたちと同じぐらい、手指のしなやかな美しさにこだわった。それはそうであろう。和服は体の線を隠し、手だけをのぞかせる。江戸までの日本人は手指によってしか女体の美を感じることができなかった。スタイルが美の主要素になったのは洋装が大衆化した大正末年以後のことである。

蓮月の時代、女体の美は手指に宿っており、労働によってそれが損なわれれば、女は醜女となる。この気性の激しい尼僧は泥にまみれて自分の美が損なわれるのを心から望んだ。しかし、無心に、土をいじるうち、そんなことは、どうでもよくなってきた。穢らわしい泥土のなかから、きれいな器が生じてくることに救いがあるように思われた。

まずなにより、

――陶業には徳がある。

と思わずにはいられなかった。もともと、なんの値うちもない泥土によって、老いも幼きも男も女も、みなに仕事が与えられ救われる。このような商売はほかになかろう。

——きびしょ

というものを蓮月は造った。急須のことである。急焼と書く。中国唐宋の発音では「きゅうしゃ」であり、上方では、これを訛らせて、急須のことを、きびしょといった。蓮月の時代、この国の田舎に、

——にわか文人

が雨後のタケノコのごとく生じた。理由は簡単で、宝暦天明のあたりから、この国の富は武士のところから民間へとうつり、津々浦々の豪農、豪商が学問に目覚めたからである。田舎のちょっとした百姓までもが、漢詩漢文をたしなみ、中国趣味をありがたがるようになった。とにかく、みな中国の文人に憧れ、それになろうとした。「文人」に

なるには、

――煎茶

をせねばならない。近郷近在の同好の士を語らって集まり、床の間に、中国趣味たっぷりの掛け軸をかけ、煎茶を呑む。そのときに要るのが、煎茶の急須であり、わざわざ中国風に「きびしょ」とよんで、ありがたがった。

蓮月のきびしょは、おせじにも、上手とはいえなかった。ほかの芸事はすべて達してきたのに、陶器だけはうまくいかない。

蓮月はひと月に、五十個、百個と、自詠の和歌を釘で彫りつけた急須や茶碗を造って、粟田口から清水坂にかけての窯元にもってゆき、五十個ならば金一分、百個ならば金二分ほどの「焼き代」を払って、窯で焼かせてもらった。しかし、どうにも素人わざの域を出ない。三条の帯山与兵衛（たいざんよへえ）、清水（きよみず）六兵衛などに頼むのであるが、窯のなかのあまり良い場所には置いて貰うわけにはいかない。炎のまわりの悪い窯の奥のほうに、申し訳程度において貰ったから、焼き上がりもかんばしくなかった。そのため、出来が悪く、陶器屋に持ち込んでも、なかなか置いてもらえなかった。陶器屋は、どうにも素人仕事としか思えない、へんてこな蓮月の作に、眉をひそめた。

「こんなものは売れない」

というのである。事実、売れ行きはかんばしくなかった。

　蓮月は京土産の陶物屋を何軒もたずねて、ようやく、置いてもらったが、作品のつたなさは、自分が一番わかっている。心をこめて作っ

てはいるが、暮らしのために、このような物を売らなければならないかと思うと、申し訳なさで、心がいっぱいになり、

「手ずさびの　はかなきものを持出て　うるまの市に立つぞ　わびしき」

という和歌が思わず口をついて出た。

そのうえ、陶物屋は口さがなかった。蓮月の前でこそ、慇懃にしているが、ひとたび蓮月の姿が目の前から消えると、たちまち、卑猥な言辞で、蓮月を侮辱した。根も葉もないうわさをたてたのも彼らであった。ある清水坂の陶物屋などは、とくにそうで、客が「これは誰の作か」と尋ねると、

「ああ。それは蓮月いう尼さんの作ですわ。もとは祇園の娼婦でして

な。えらい別嬪な方ですわ。この尼さん、えらい男好きで、尼になってからも、ときどき家に男をひきずりこんでおるいう噂ですわ」

そう下品に嗤いながら、蓮月の作品を売るのである。その謳い文句がつくと、客にも興味がわくのか、よく売れた。

当然、それは蓮月の耳にも入ってきた。作品を置いてくれる店は少ない。だから、そんな男とも、つきあっていかざるを得ない。はじめ、蓮月は黙ってこれに耐えた。むしずが走るほど嫌であったが、仕方がなかった。

ところが、そのうち、そもそも自分というものに、こだわるから、そんな小さなことに悩み苦しむのではないか、と考えはじめた。自分などは、とるに足らない小さなものだ。自分の名誉を護るなどという心を一切ふり捨てて生きれば、つまらないことで苦しまなくてすむのではないか。そもそも、自分の心身は人にいわれて腹を立てるほど、きれいなものでもない。むしろ、穢れている。もし、世の中が清らかであったなら、とても暮らしていけないであろう。つまるところ、自分にとって必要なのは、

――自他平等の修行

なのではないか、心に自分と他人の差別をなくする修行を生涯つづけることではないか、と思い定めた。これ以後、蓮月は他人にしたためた書状にも「自他平等の修行をいたしたく」などと書くようになる。

その悟りを得てから、蓮月の作風は変わったといっていい。

――蓮(はちす)

を作品にあしらうようになったのである。急須のふたを蓮の葉のかたちにつくり、ふたの取っ手は茎のかたちにした。

蓮は穢れた泥土から出たのに、いや、穢れた泥から出たものであるからこそ、人の心を救ってくれる。埴細工は、それに似ている。汚い泥から出て、急須となれば、万人ののどを潤してくれる。こんなに素晴らしいものはない。

蓮月はつたなくとも、ひとつずつ丁寧に造った。急須のふたに四方八方にのびる蓮の葉脈をこつこつ造形し、取っ手の茎には、ひとつずつ穴をあけた。葉脈を刻んだのは、万人にまんべんなく救いがゆきわたるように、茎に穴をあけたのは、心が通じるように、との願いをこめたからである。

そのうち、蓮月の陶器は評判をよびはじめた。形はつたないままだが、どこか優しい。そのぬくもりが人の心をうつのか、欲しいという人が跡をたたなくなった。ひとたび、人気に火がつけば、あとは早い。たちまち品薄になった。

手のひらを返したように、陶器屋は蓮月のところにやってきて、猫なで声で、注文をよこした。いくら、やかましく催促されても、蓮月は一人なのだから仕方がない。数には限りがある。思うように、仕入れられないことがわかった陶器屋は、贋作を造らせることを思いついた。たちまちにして、蓮月の贋物屋が五、六軒できた。蓮月の急須やら茶碗、花入れをつくって、どんどん売る。それを知った知人があわてて、蓮月のもとに注進に走った。

「蓮月はん。大変やで。あんたの贋物屋がぎょうさんできてるで。もう五、六軒もあるらしい」

それを聞いた蓮月の反応が可笑しい。

「はあ。そうですか。わたしのようなもんがはじめた埴細工で、食べられる方が出来たいうんは、ええことですわ」

一言、そういってほほ笑んだという。

そういう蓮月の態度は、贋物師たちにも、すぐに伝わったらしい。

贋物師たちには困っていることがあった。蓮月の作には、自詠の和歌が彫りつけてある。贋物師たちは学がないので、美しい筆跡で彫りつけるのが、どうにもできない。そのうえ、いつも同じ和歌ばかり彫っていては、すぐに贋物とばれる。いろいろな和歌を彫りつけたいのだが、もとより三十一文字の心得などはなく、困り果てていた。

とうとう、贋物師たちは連れ立って、蓮月のもとに奇妙な挨拶にやってきた。

「蓮月さん。はなはだ面目もございませんが、ご存知の通り、わたくしどもは、あなたの、きびしょの模造をさせていただいております。こんなことはいえた義理ではないのですが、これから本腰をいれて、あなたの写しを造らせていただきたい。ところがあなたの文字の真似だけは、どうにもできない。なんとかしてもらえませぬか」

これに対する蓮月の態度がふるっている。

「そうですか。それは、よくしてくださいました。なにぶん、わたくし一人では手がまわりません。少しも遠慮などは要りません。精を出して、どんどん製してくだされ。歌のほうは私のほうで書きつけますから、器のかたちを造ったのを、なんぼでも持ってきて下され」

あっけにとられる贋物師たちに、蓮月はこうもいったという。

「わたしの急須もさしあげましょう。お持ち帰りください。写しの見本になさったのちは、お売りください。たまには真物もないと、模造は売れぬでしょうから」

蓮月は四十歳代から八十歳すぎまで四十年あまりにわたって、

――蓮月焼

を作りつづけた。

晩年は黒田光良（くろだこうりょう）という男に頼んで、そこから土をとりよせ、焼いて貰っていたから、黒田家に蓮月の書状がたくさんのこっている。書状によれば、蓮月は七十歳ちかくなっても、ひと月に百点以上の勢いで作っている。一年十二ヶ月で千二百点以上、これを四十年間つづけたのだから、生涯に五万点以上の作品を遺したとみてよい。当時の日本人口は三千五百万人で家数は七百万軒にすぎない。蓮月は、百軒に一軒ちかい割合で、自作の焼き物を日本全土に浸みこませていった計算になる。さらに多くの贋物が出回ったから、蓮月の名は、この和歌つきの陶器のせいで、日本中に知られるようになった。

ただ、有名になると、困ったこともおきた。ひっきりなしに客がやってくる。はじめは、里芋や聖護院大根が植わっている畠のなかの蓮月庵は閑かであったが、しだいに騒がしくなってきた。「世捨て人」をもって任ずる蓮月は、これ以後、引っ越しをくりかえしはじめた。

蓮月はほとんど家財を持っていなかった。衣は着たきりに近く、大きな家財は米櫃がひとつあるだけだった。粗末な食器をのぞけば、土をこねる轆轤（ろくろ）と文机ぐらいしかない。大八車がひとつあれば、すぐに、どこへでも屋越しができた。

春になると桜の美しい北白川のあたりに棲み、夏になると大仏の山ぎわで涼み、冬になると、岡崎や知恩院のあたりに出てくるといったことを繰り返した。

――屋越し蓮月

いつしか、そういわれるようになったのは無理もない。なかでも蓮月は聖護院村によく棲んだ。いまの京都大学の構内にあたる。

昭和もおわりになって、京都大学病院が建物を増築しようとした。

大学が遺跡の上に建物を建てるときには、かならず、考古学者が発掘調査をする。ＣＴスキャン棟を建てるために発掘したその場所が、蓮月の棲家であったらしい。焼きそこなった蓮月焼の失敗作がごっそりと出てきた。古地図にある蓮月の住所と一致していたから、蓮月の寓居跡と確認された。この発掘でみつかった蓮月焼ほどたしかなものはないのだから、今日、蓮月が焼いた陶器の真贋を鑑別する重要な資料となっている。その後も、蓮月の生活の痕跡は大学のなかから、次々とみつかった。今日までに、京大の構内では、少なくとも三箇所から、蓮月焼が発掘されている。よほど、京大構内を転々としていたのであろう。

そのうち、聖護院村の蓮月のもとに、一人の少年が同居するようになった。隣家の少年であった。内気な少年で、引っ越してきた当初は、口をきかなかったが、焼き物にひかれるのか、そのうち自然に、蓮月の陶器の土運びを手伝いはじめた。少年は年の頃は十三、四歳、三(さん)条衣棚(じょうころもだな)の大きな法衣商の子であったが、幼いころの病気がもとで、片方の耳がほとんどきこえなかった。そういうこともあって、聖護院村の別宅に身をよせていた。名は、

――猷輔(ゆうすけ)

といった。これが、のちの文人画家、富岡鉄斎である。

蓮月は、ありったけの愛情と、芸術的感性をこの少年に注ぎ込みはじめた。

「猷さん」とよばれているその少年には、どこかしら翳(かげ)があった。

近所の噂で、耳がきこえにくいのだとは聞いていたが、それだけではないらしい。母親が居なかった。どういうわけか父親と二人だけで住まっていた。

蓮月は、隣に住むこの少年が気になり、それとなく、見守っていたのだが、どうにもわからないことがある。

その少年はいつも読書をしていた。父親も余程読書が好きなようで、二人いて一心不乱に読んでいる。女の気がまったくない家のなかで、男二人がひたぶるに書物を読んでいる姿は、はた目にも異様であった。少年は、遠くからみると、ほれぼれするほど美しい顔立ちであったが、よくみると、斜視で、目玉が斜めに飛び出し、容貌をいちじるしく損なっていた。

この少年を目にするたび、蓮月の脳裏には、

——不憫
という言葉が浮かんだ。

やがて、少年の陰鬱の理由がわかってきた。少年の父親と、親しく会話をかわすようになったからである。少年は思っていたより、年かさで、十五をすぎていた。少年の父親は、わけあって、妻と長子をおいて、二男のこの少年だけを連れて、この聖護院村に転がり込んできたという。

蓮月は不思議に思った。父親はとても人柄が好さそうにみえる。いきなり商売を放り出し、妻を捨てて別居をはじめるような男にはみえない。

「なにゆえ、そのようなことに……」

蓮月が怪訝な顔をすると、父親は、かたわらの少年を見やりながら、訥々と語りはじめた。

「それは、まったく、わたくしの不徳なのです。わたしのせいで、この子にはつらい思いをさせてしまいました」

「と、申されますと」

「わたくしどもの家は、十一屋といい、七代続いた法衣商でございます。ところが、お恥ずかしいことに、わたくしが家業を衰えさせてしまいました。学問に凝り、商売をおろそかにしたからだと、妻は申します。たしかにそうかもしれません。儒書ばかり読んで、青表紙とあだ名されたほどですから。そんなとき、生まれたのが、この猷輔でした。ほんとうに可愛い子で、はじめは妻も大層かわいがっていたのですが、ある日をさかいに、困ったことになったのです。くさけというのでしょうか。あの子の顔一面に、吹き出物が出たことがありました。いまとなっては後悔するのですが、親としてはなんとかして直してやりたいと、そのとき、さかんに塗り薬をぬったのです。それがよくなかったらしく、直ったときには、獣の耳はほとんど聞こえなくなっていました。右耳はまったく聞こえない。左耳は近づいて大声で話せばやっと聞こえるという有様で……」

「しかし、あんなに書物も読めて、ご立派なお子様ではありませぬか」

「いや。それで、かわいそうなことになったのです。耳の聞こえないあの子は目でみえる書物を懸命に読むようになりました。ほんとうに、いじらしいくらいに。ところが、妻は学問などすると、商売の邪魔になるといって、あの子が本を読むと『本ばかり読んで居ると御飯を食べさせぬぞ』ときつく叱り、無理やり、本を取り上げて隠してしまうのです。わたしはそれが不憫でなりませんでした。とはいえ、それもこれも、わたしが読書で家を傾けたせいですから、なんとも言えない。それで妻にいったのです。『この子は耳が遠くて商売には向かない。神主にでもしよう』といって、西八条の六孫王(ろくそんのう)神社の稚児にやりました。紫の大振袖に袴をはけば、見事な稚児になるといってくれる人がいたので。しかし、なにぶん八つです。親元をはなれて、ずいぶん、さみしい思いをしたことでしょう。それで、あの子が稚児奉公をおえてもどってくると、わたしはあの子を連れて家を出ました。猷に、ひとどおりの学問をさせてやりたいものですから」

蓮月は少年のほうを見遣った。この穢れた世の中でほんとうに生きていけるのかというほど、透き通ったまなざしをもっている。

「この子がこのさき食べてゆけるのかどうか、心配なのです」

たしかにそうだろう。蓮月は、思い切って父親にいってみた。

「それでは、猷さんにお手伝いをお願いできないでしょうか。ごらんの通り、埴細工をやっているのですが、男手がなくて困っているのです」

「それは願ってもない。本人にきいてみましょう」

父親は少年の左の耳元に口をよせ、いった。

「蓮月さんの、手伝いを、するか！」

きくなり、少年の目は輝いた。

その日から、少年は蓮月のために、陶器の土を運んできては、こね、土の器をつくりおわれば、これを荷造りして粟田口の窯元のもとに持ち運ぶ。骨の折れる仕事であったが、少年は、すこしも不平をいわない。まるで母性の欠け目を埋めるかのように、蓮月に添ってくる。蓮月もそれに応えた。

少年は見た目、幼く見えるが、社家の稚児を勤めていただけあって、学問の元はしっかりしている。蓮月が和歌や源氏物語の話をすると、いくらでも聞きたがり、しかものみこみがはやい。蓮月は少年にいった。

「いくらでも好きなことをやるがよい。会いたい人には会っておけ。見たいものは、どこまでも行って見よ」

それだけではない。少年が本代に困っていることを知ると、

「学資にせよ」

と、蓮月は埴細工で得た金をいくらでも与えた。少年が驚いて断ろうとすると、

「金は、うちに残らぬのがよろしい。入るだけ出るのがめでたい」

と、いつもいう。

「尼は、わしに、なぜそのように優しくするのじゃ」

あるとき、少年は、そうきいてみた。すると、蓮月はなんでもないふうに、こう答えた。

「別に優しくしているつもりはない。せめて心ばかりは、自他平等の修行をしてみたい。自分と他人のちがいなどありはせぬ。そう思うて暮らすのです。閻魔王より御沙汰がくるまで、心安く暮らすには、物にこだわらぬのが一番」

そういって高らかに笑う。それをきいて少年も馬鹿らしくなり、下手な遠慮などしなくなった。

ただ、風邪など引いたあとには、うってかわって厳しい顔になり、

「猷さん。命は大事にせねばいけませぬぞ。長生きをして、世のため、人のためになるべきことを、なるべきようにして、心静かに気長に暮らさねばなりません」

と、叱る。

驚いたのは、黒船が来たときであった。世上は騒然となり、学問をしたほどの者は、みな目を怒らせて、

——攘夷

を叫んでいた。少年もすっかり興奮し、当世流行りのその攘夷思想について、蓮月に問うてみた。ところが、蓮月は意外なことをいった。

「猷さん。あめりかはんは、わたしらになんぞ悪いことでも、しはりましたか。なんにも悪いことをしていないものを、はじめから、敵というては、いけないのとちがいますか。あめりかはん来はったら、案外、世の潤いになるかもしれまへんえ」

そういって、一枚の短冊に、さらさらと和歌をしたためた。

「ふりくとも　春のあめりか　閑にて　世のうるほひに　ならんと

すらん」

少年は、はっとした。

黒船が来たとき、日本人はあまねく感情的になった。一体、日本人はひとつの方向に流されやすい。

「蛮夷のあめりかに襲われる。なんとかして、これを打ち払わねばならぬ」

と、みんなして目をつりあげた。このとき、アメリカの来航が、この国にとって必ずしも悪いことではない、と、正しく洞察できた人間は皆無といってよかった。ところが、国際情勢について何も知らなかったはずの、蓮月だけが、ずばりとそれを言い当てた。ほとんど奇跡といっていい。

少年は、毎日、蓮月のもとにやってきて、まるで、ほんとうの母子のように、朝から晩まで、陶器を一緒につくった。そうするうち、少年がもっていた陰翳も不思議と消えた。

のちに、この少年は、大家となった。

——富岡鉄斎

というのが、この少年が世に出てからの名である。文人画の最高峰とされ、儒・仏・道教、神道のすべてに及んだその学識は、驚くべきもので、あれほどの大文人は、もうこの国に出ないだろうといわれている。

蓮月は、鉄斎少年に、あらゆることを教えた。このころになると、蓮月もすでに有名であり、当代一流の文人墨客がさかんに彼女の庵を訪れるようになっていたが、蓮月は彼らに鉄斎をひきあわせた。

おもしろいことに、そういうとき、蓮月は、鉄斎をけっして子どもあつかいしなかった。非常に、へりくだって、

「こちらの富岡先生は」

というように、まるで大先生に仕えるように、鉄斎を紹介した。一人前にあつかわれれば、そのように振る舞わざるを得ない。議論にも加わらねばならなくなる。鉄斎は懸命に学んだ。

そのうち、蓮月は、引っ越しを考えはじめた。聖護院村は、市街に接しているため、通交の便がよすぎる。

「朝夕、客が絶え間なく来て、困る」

というのである。たしかに、そうであった。蓮月は、とうに六十をすぎていたが、四十すぎにしかみえず、いくら隠しても、女としての美しさが消えてなくならない。そのうえ、蓮月焼で名が売れてしまっているから、一目、蓮月の姿をみようと、ひっきりなしに客が訪ねてきて仕事にならない。

「どこかに静かな山寺でもありませぬか」

「わたしは法衣商ですから、寺々に多少のってはあります」

と、鉄斎の父が、蓮月の引っ越し先をさがしはじめた。しかし、いかに六十すぎとはいえ蓮月のような尼僧をおいてくれる寺などない。

「だめか」

と思われたとき、

——原坦山(はらたんざん)

という曹洞宗の僧がいたのを思い出した。北白川村の心性寺の住職である。

「これほど磊落(らいらく)な人もあるまい」

そういわれており、のちに、時の関白を大っぴらに罵り、京に居られなくなったほどの豪傑僧である。

「あの和尚しかあるまい」

鉄斎の父は、そう思って頼んだ。

「蓮月尼のために、心性寺の一室をお貸しねがえませぬか」

「ああ。よいとも。明日からなりと、おいでなさい」

坦山和尚はあっさりと承知した。

蓮月は歓喜した。なにしろ、心性寺には小沢蘆庵の墓所がある。蘆庵は蓮月が心から敬慕してやまない歌人であった。蓮月は気がはやい。

「明日にも引っ越す」

といいだし、いつの間にか荷車を引いていた。

屋越し蓮月の引っ越しであった。松平（まつべい）という、なじみの大工がいて、蓮月が転居するたびに住居の小直しをしたが、この大工の妻によれば、年に十三度屋替えをした年もあったという。

「さよう宿替の数は三十四度までは覚えています」

と、後年、語っている。

引っ越しといっても、蓮月は、家財道具を、ほとんど持っていない。茶碗も、ひとつきりしかなく、客がくると、大きな葉っぱに、飯をもって食べた。重たいのは、ろくろと鍋釜、それに小さな文机だけで、転居は造作もないが、一人でいかせるわけにはいかない。鉄斎があわてて、蓮月の荷車に、ろくろと鍋釜を積み込んだ。

鉄斎の父はえらい。子息の鉄斎の左耳にむかって、こういった。

「蓮月さんに、ついていきなさい」

蓮月はすでに六十六歳、何といっても老年である。心性寺から粟田口の窯元まで往復二里（八キロ）の道のりがある。この間を土を搬び、作品を運ばねば、埴細工はできない。

「一人では、とても無理だから、おまえがついていけ」

鉄斎は黙ってうなずいた。

――六十六歳の蓮月。二十一歳の鉄斎

奇妙な同居がはじまった。この蓮月との同居が、鉄斎を鉄斎にした。後年、鉄斎は脱俗の逸士として知られるようになった。

——元来、京都文人は品性があまり高く無い（『芸苑一夕話』）といわれる。京都の画人のなかには、包み金さえもっていけば、いくらでも書くというものが多かった。

そのなかで、鉄斎は「多くの文人は金銭に不淡白で、ともすると、醜聞を聞くが、独り鉄斎のみは人格高く、品性は皎潔で、京都文人中、鏘々たるものである」とされた。事実、鉄斎はおそろしく無欲であり、金で画を書かぬことで知られた。朋友の学識に心酔すると、たちまち筆をとり、売れば千万金もするような作品を描きあげ、ただで贈った。「鉄斎さんは変わったおもしろい御仁や」といわれたが、

「若い時分、あの蓮月尼と暮らしておったれば、そうもなろうよ」

とも、いわれた。事実、そうであったろう。

安政の頃になると、蓮月の名声は日本中にとどろいた。焼き物は、作れば作っただけ、売れた。蓮月には几帳面なところがあり、座辺に黒々と「大福帳」としたためた帳面をおいて、陶業にかかわる金銭の出入りを、克明につけた。

「尼僧が大福帳とは見栄が悪い」

と、陰口をたたくものもあったが、気にしない。そのうち、

「ふつうの尼さんがやれば俗だが、蓮月がやれば風流にみえる」

ということになって、

――蓮月の大福帳

は、訪問客の「名物」になった。

蓮月は、粟田口の窯元から土をわけてもらい、毎日、手づくねで陶器を作る。五十、百と出来ると、鉄斎が荷車で窯元にもっていくのである。

——少ないときは金一分、多いときは金二分の焼き代を払い、焼いてもらった。陶器が売れれば、またそれを帳面につける。

「喜捨に頼らず、自分で食べる分は、自分でつくりだす」

というのが、蓮月の信念で、生涯、これを曲げなかった。

ところが、「短冊に和歌を書いてほしい」と、頼まれたときには、頑として、潤筆料（じゅんぴつりょう）を受けとらなかった。

「老尼は泥をひねりて土器は売れど、風雅は売らぬ」

そういった。この時代、儒者や歌人は、弟子から「束脩」をとる。もしくは高名になれば揮毫して「潤筆料」で稼ぐのが常道であったが、それを取らぬというのは、むしろ非常識といえた。

そればかりか、蓮月は歌集の出版もいやがった。書林が蓮月の人気に目をつけて、

――蓮月歌集

を出版しようとしたときには、

「お願いだから、それだけはやめてください」

と血相を変え、鉄斎を使者にたてて、書林に出版の中止をもとめた。

しかし、書林の主人はその意味がわからない。

「たいていの歌人は出版というだけで飛びあがってよろこぶのに、

なぜそんなことをいうか」

と怒り出す。

「版木も作りかけているのに、損失をどうしてくれる」

とまで、いいはじめる。これには鉄斎も困って、蓮月に相談すると、驚くべきことに、こういったという。

「版木の損失はこちらで償います。もう一度、談判して、是非、中止させてくだされ」

ところが、それでも書林は首をたてにふらない。とうとう鉄斎も怒り出し、

「元来、本人の承諾を得ずに、その書を出版するさえ不条理なのに、二度まで歌主からこれを止め、あまつさえ、損失を償うとまで申し入

れているのに、なお、これを拒絶するというのは、どういうことか」と怒鳴りまくり、ようやく書林をおとなしくさせた。これには、ほと骨が折れたと、のちに鉄斎は語っている。ただ、蓮月がこの歌集の出版を止めたせいで、若い頃の和歌は失われ、われわれは彼女の結婚から出家にかけての苦悩を歌から読み解くことが永久にできなくなった。

蓮月の無欲は、常人の理解の域をこえていたといってよい。

短冊の潤筆にしても、そうであった。

「料紙さえもっていけば、蓮月さんは、いくらでも書いてくれる」

そのせいもあって、来客が殺到していたのである。短冊は紙代が一枚二十文にはつくが、蓮月は無頓着でしばしばただで与えた。

「客ぎらい」

といいながら、人がくると、

「遠くから、こんな婆に会いにようござった。これでも持って帰ってくだされ」

と、惜しげもなく、急須や短冊をただで与えて帰すのである。

——与える

ということが、どうやら、蓮月にとっては、楽しみであるらしかった。

ある冬などは、清水寺に参詣に出かけたが、途中、路上で寒苦にあえいでいる者がいてその場で上着を脱いで与えてしまい、清水寺につくと、また同じように、単衣だけで、ぶるぶる震えている浮浪人がいたために、それにも、また着物を脱いで与え、とうとう下着だけになって、鼻水をたらしながら、庵に帰ってきたこともあった。与える対象は、人間だけではなかった。

蓮月の散歩に出くわした人々は、しばしば不思議な光景を目にしたという。

道ばたに、牛や馬がいると、蓮月はねぎらうように話しかけ、ふところのなかから、餅をとりだして、飼い葉桶のなかに、ぽとりと落とす。牛馬がその餅を、うまそうに食べるのを、

「おつかれさま。力をつけなさい」

と、いいながら、うれしそうに眺めている。それが道楽なのだという。

「馬に餅をやるなんぞ、もったいない」

びっくりした人がそういっても、平然としている。

「いつも、人にこき使われて、かわいそう。あんなに大きい体では、腹もすきますから」

だから、飢饉の年は、心をいためた。嘉永三（一八五〇）年の飢饉のときは、京でもあちらこちらに行き倒れが出た。すると、蓮月は鉄斎をよび、大きな包みを渡していった。

「これを御奉行所の平塚様のところへ」

京都の東町奉行所では、与力の平塚表十郎が下命をうけて、窮民救恤（きゅうじゅつ）にあたっていた。蓮月はこれを聞きつけ、救い米の足しに献金したいという。

鉄斎は心配になって、

「いくら入っているのか」

と聞くと、

「三十両」

という。いまでいえば、一千万円近い大金である。

「これを匿名で届けて欲しい」

というのである。やむなく、鉄斎は奉行所へ行った。

ところが、鉄斎のような書生が、いきなり大金を、しかも匿名で持参してきたものだから、奉行所は大いにその出所を疑い、鉄斎の取り調べをはじめた。すぐに蓮月が浮かんだ。

「蓮月なら、それぐらいやるだろう」

奉行所のほうでも、そう思ったらしく、幸い、鉄斎は無罪放免された。生来、鉄斎は世事に疎い。

「あのとき金は、どこから来たのか。赤貧の尼にそんな金があるはずがない」

と、生涯、くびをかしげ続け、「大方、大丸か懇意の豪商から借りたのであろう」と人に語っていたというが、事実は、そうでない。その金は、蓮月が、ある目的のために、こつこつと貯めていた金であった。

蓮月には、夢があった。

「橋をかけたい」

という夢である。

蓮月は、そのころ聖護院村に戻っていた。聖護院村は蓮月の生まれた三本木に近い。鴨川を挟んで目と鼻の先である。夕暮れになると、対岸の三本木から三味線の音が渡ってくる。しかし、橋がなかった。

丸太町通りは川で途切れ、三本木は、川向うの近くて遠い街であった。蓮月の父母はその街で知りあい、蓮月をつくったが、どこかへ行ってしまった。近くて遠い、父母への想いが、そうさせたのかもしれない。

――丸太町橋

蓮月は、三本木と聖護院村を結ぶこの橋のことを考え始めた。そのころの鴨川は蜘蛛手のように河川敷のなかを乱流しており、水の流れのあるところに、

――歩み板

が置かれていた。おそるおそる、その板の上を渡るのだが、少しでも水が出ると、それもすべて流されてしまい、遠く、三条大橋までいかなければ、鴨川を渡れない。ほんとうに人々は困っていた。鴨河原に

ちかい川端丸太町に住んだとき、一層その想いは強くなった。暑さ寒さの時分に、通行人が難儀するのを、目の当たりにしたからである。毎日、泥をこねて、せっせと埴細工に励み、こつこつと銭をためた。鉄斎が奉行所にもっていったのは、その金であった。二十年ちかく、貯めてきたものであったが、人の命には代えられぬ。生きてさえいれば、橋は、いつでも架けられると思い、一気に吐き出したのである。

それから橋を架けられるだけの銭ができるまで、十年の歳月がかかった。その間、蓮月はくる日もくる日も泥をこねつづけたのである。蓮月の架けた丸太町橋は、ようやく荷車が行き交うほどの幅しかなく、橋げたの低い、ほんとうに粗末なものであった。けれども、まぎれもなく鴨川の両岸を結んだ。

「泥から橋ができた」

その感慨が、蓮月の心を満たした。

文久の頃になると、さすがに、蓮月の身辺もさわがしくなってきた。諸国から志士たちが京に入り、天誅の嵐を巻き起こした。新撰組などという浪士組ができて、市中を闊歩し、夜には、やれ誰が切られただの、血みどろの片腕が屋敷に放り込まれただの、ただならぬ気配となった。蓮月のところへは、尊攘激派の志士も、出入りしていた。

「蓮月さん。公儀の密偵が見張ってるで、きいつけや」

そういわれはじめた。

鉄斎も勤王の事も談じたから、会津藩が入京してきて勤王を叫ぶ浪士を害しはじめると、身が危うくなった。蓮月と相談して、ひとまず京都をはなれ、中国筋から九州を遊歴して、難をさけた。

奇妙な事件がおきたのは、そういうときだった。ある夜、蓮月はきちんと戸締りをして寝床に入ったのだが、丑三つ刻にいたって、戸口でゴトゴト音がする。

「何か」

と思うと、ぬっと大男が闇から顔をだした。

「尼さん金をよこせ」

強盗であった。しかし、蓮月は、ひるまない。

「お前さん」

臥したまま、気丈にも強盗によびかけた。

「おかど違いをして、こんなところに這入ったんじゃありませんか。

お金でも何でも好きな物を持ってお行きなさい」

そういって寝床から起き、火鉢の火をおこして明るくし、強盗の家探しを援けた。強盗は押入から蓮月の着物を出して持ち去ろうとする。

「ちょっと待ちなさい」

「……」

「これで包みなさい」

強盗が振り返ると、蓮月は大風呂敷をひろげて待っていた。

「お前さん。お腹がすいているだろう。湯を沸かすから、あったかい茶漬けでも食べてゆきなさい」

「いや、そんな暇はない」

「それなら、昨日貰ったはったい粉があるから、これを」

そういって、鉄瓶のぬるま湯で、はったい粉を練って、食べさせた。よほど、空腹であったのだろう。たちまち、強盗は三杯たいらげ、さすがに気まずいのか礼もいわず急いで出て行った。

ところが、翌朝、蓮月はたたき起こされた。

「蓮月さん。大変だ。路上に男が倒れている。大きな風呂敷包みを背負ったまま、口から血を吐いて死んでいる。風呂敷に『蓮月』と書いてあるから、あんたの知人かと思って知らせにきた」

「きのう客人がきて、いろいろ金に困るようなことを言うから、風呂敷ごと着物をあげたのですが」

「ああ。また泥棒に這入られなはったか。蓮月さん。とにかく一緒に来て」

死人は昨夜の強盗であった。蓮月は恐ろしくなった。

検死の役人がきて、

「これは毒殺だ」

といった。蓮月は役所に何度もよびだされた。

「はったい粉は、どこから手に入れたのか」

近所の老婆が見知らぬ男から渡されたものだったが、それをいえば、その老婆に迷惑がかかる。

「わたくしは独身の尼です。はったい粉は便利ですから、ほうぼうから貰います。一向、覚えがありません」

それで通した。結局、その一件は、うやむやになった。

蓮月ははじめ強盗が自殺したのかもしれないと思った。ところが、いろいろ人がやってきて、眉をひそめていった。

「蓮月さん。それは幕吏やで。三条さんの先代かて毒殺されたという、もっぱらの噂や。気をつけなはれ」

思いあたるふしがないわけではない。梁川星巌・梅田雲浜など、安政の大獄で狙われたり獄死した者とのつきあいが深かった。いまでも、春日潜庵だの、建仁寺の天章だの、幕府に批判的な人々が出入りしている。

さすがの蓮月も恐ろしくなった。

「世の中が騒がしくなりましたね。所詮、この世は夢であると思い捨てても、やはり夜には、胸に手を置いて眠らなくてはいけないような、恐ろしい心地がします」

「危ないから、来客は断ったほうがいい」

蓮月は「蓮月るす」という札を作り、門口にぶら下げた。ところが、これも効能は、いっときのことであった。蓮月の家は小さい。ほんの三畳ばかりだから、隠れようがない。

蓮月は「植吉」という植木屋の裏に住んでいた。植木屋の娘に頼んで、

「蓮月はんはお留守どす」

といって貰っていたのだが、そのうち来客もわかってきて、

「留守でもかまいません」

と、上がり込んでくるようになった。蓮月は弱った。

「岡崎や聖護院に居て、来客がうるさいというのは、わけがわから

ん。それほど人が来るのが嫌なら、上賀茂へでも来たらよかろう」

そういったのは、西賀茂村・神光院（じんこういん）の智満（ちまん）和尚であった。

丸太町橋をかけた今、蓮月の家は十丁（一キロ）歩けば御所に行き着く。上賀茂ならば一里半（六キロ）も隔たっている。田舎なら客も避けられるし、危なくなかろう、というのである。早速、鉄斎が使いにたった。

「和尚、ここらへんで、蓮月さんが暮らせるようなよい所があるのですか」

「いや。とくに思いあたる所があるわけではないが」

「それなら、この神光院へ置いて貰うわけには、まいりませぬか」

「お茶所なら空いているが……」

「その建物で、かまいませせぬ」

引っ越しの交渉はそれで終わった。例によって、蓮月の引っ越しははやい。すぐに西賀茂村に移ってきた。そのうち、大工の松平に命じて、三畳敷の建物を移築して、お茶所へくっつけ、神光院へ転がり込んだ。

神光院の庭は美しい。みるなり、蓮月はいった。

「静かなところや。なんとのう気が朗らかになります。生涯ここに置いてもらえませんか」

このときから、蓮月はぱったりと引っ越しをやめ、この寺を終（つい）の棲家として住みついた。

西賀茂でも、質素なくらしぶりには変わりがなかった。終日、土ひ

ねりや何やかやをして働き、夜は、灯をともして、光明真言を唱えた。のぞきみた人によれば、蓮月は土細工で、

――父母の人形

を作り、ちいさな地蔵の金仏といっしょに、自作の鉢のなかに立て、香湯を沸かして、毎夜、灌仏していたという。それがすむと、押入から薦(こも)で巻いたほんとうに粗末な夜具を出して、それで寝た。

衣食住すべてに、淡白で、食べ物も、村人からの貰いものですませた。

――大根の葉っぱ

なかでも、これを好んだ。捨(す)たり物の菜っ葉で生きることに喜びを感じているのか、百姓が野菜を差し上げようとすると、きまって「大

根の葉はないか」ときいた。

「わたしは菜っ葉がいちばん好きです。わたしは鶏の生まれ変わりかも知れん」

そういって笑った。

「たくあんを差し上げましょう」

そういうと、静かに微笑んで、

「たくあんのほうは、ご遠慮します。漬物の蓋につかった乾菜のほうをください」

というのが常であった。食べ物に好き嫌いはなかったが、ただ一つ、長茄子だけは苦手であった。丸い茄子なら、かまわないのだから、奇妙であった。

「あるとき、物入れをあけたら、ネズミがイタチに血を吸われて死んでいた。それが長茄子にそっくりで、目に焼き付いてはなれない」

以後、長茄子が食べられなくなったのだという。もちろん、尼だから、肉食はしない。鰹節さえ避けた。

蓮月は村の子どもを愛した。平生から、蓮月は、半紙を棚においており、村の子をみかけると、それを与えた。

「蓮月さーん。紙くださーい」

そのうち、子どもたちのほうから、紙を要求するようになったが、嫌な顔をするどころか、目を細めた。

「はーは。何枚でも持ってお行き」

といって取るに任せる。村の者もよくない。

「先生のところへいって貰ってこい」

紙がないと、子どもを蓮月のところへ遣って、紙を貰ってこさせた。

そんなことは先刻承知であったが、気にせず、紙を与え続けた。

それだけではない。西賀茂の村童は、男の子も、女の子も、夏になると、まったくの裸体で真っ黒になって駆け回っていた。

「子どもが腹をこわしてはいけない」

蓮月は、村中の子どもみんなに、

——腹かけ

を配って回った。

ただ、自分の着物には頓着しなかった。あるとき、鉄斎がきてみると、蓮月が異様に派手な着物を着ている。「どうしたのか」と聞くと、

「はあ。派手かな。わたしは気づきませなんだ。これが一番安うて丈夫そうであったから」

と答えたという話が伝わっている。

幕末という物騒な時代を、蓮月は、こののどかな山すその村で過ごした。ただ、政治的には、長州藩に同情をよせていた。薩摩と会津が、長州を都から追った「七卿落ち」のときには、わざわざ、出かけて行ってそれを見送り、悲憤慷慨している。さりとて、激派の志士と同じ考えでもなかった。

「たんと人を殺し、首を鴨河原にかけ、悪いことをし候者が、方々へ逃げ行き候よし」

などと手紙に書き、とにかく、人を殺すものを嫌った。

西賀茂に移っても、来客は絶えなかった。天下に名高い文人墨客がきて、ひととおり蓮月と歓談する。そんなときは必ずといっていいほど、土産に、揮毫した書画を持ってくる。蓮月はその書画を煤けた荒壁にそのまま糊でべたべたと張ってしばらく眺めるが、二、三日すると、それを剝がし、反古紙として、編籠に張り付け、火鉢のふたにしてしまう。

「蓮月さん。それはもったいない」

という者もあったが、絶対にやめない。しかし、書画を好まぬというわけではなく、床の間には、八田知紀（はったとものり）の賛のついた日根対山（ひねたいざん）の蓮（はちす）の画がかけてあった。かつては貫名菘翁（ぬきなすうおう）の「懸崖（けんがい）に蘭竹」の図をかけていたが、それとても、いつの間にか、なくなっている。

「どうしたのか」

と聞くと、

「欲しいという人がいたからあげた」

という。蓮月はそういって、人が欲しいといえば、何でも与えた。

あまりの無欲さにまわりはあきれ果てた。

ただ、書画というものに、値（あたい）があるということは、知っていたらしい。

——慶応二（一八六六）年

長州征伐などで米価が跳ね上がり、窮民が町にあふれたとき、蓮月は、七十六歳だったが、手が痛くなるまで、短冊やら画賛を書き続け、その喜捨でもって、

――粥施行

に寄付し、窮民の口に粥を運んだ。だから、今日、蓮月の短冊として残っているもののなかには、七十六歳とか七十七歳と書かれたものが多い。

幕末の戦乱に、蓮月は心をいためた。戦が起きるというたびに、

「人が死なぬように」

と祈り続けた。だから、二度目の長州征伐がおわったときには、たいそうよろこび、筆をとって、三河の村上忠順(むらかみただまさ)に書状をしたためた。

「長州征伐の事、御やめになり候よし。いくさのないのは、ありがたく存上げ参らせ候。めでたくかしこ」

そんなふうであったから、鳥羽伏見で戦がはじまると、胸がつぶれ

るほど、心をいためた。

その日、慶応四（一八六八）年正月三日は、ポン、ポンという砲声が遠く神光院にまで響いてきた。七日になって書状をしたため、因州鳥取に住まう遠縁の大田垣八十平（やそへい）に、こう知らせた。

「正月三日の夜より、伏見より、いくさはじまり、昨日は、橋本まで官軍の御勝になったそうでございます。この末は、どうなるのでしょうか。仁和寺宮様が官軍の総大将にて、錦の御旗、日月をうちたるを御持たせ、東寺までお出ましになり、薩摩様が御旗頭で、日の丸のしるし、みなみな日の丸の扇を持って御出陣になったよし。ついに知らぬことのみ恐ろしく、わたくしなどは山かげの草の中で、噂にのみ聞いて、ちいそうなって、神仏だけを拝み参らせております」

——官軍勝利

勢い切ったその一報が伝わったときも、蓮月の顔に歓喜はなかった。

ものうげな顔で聞いたという。

「八幡（やわた）のほうで官軍は勝ち色じゃそうな」

「それでも、徳川はんのほうは、大丈夫ですやろか」

「大丈夫やあらへん。伏見より向こうは、ぎょうさん人が討たれて死体が転がったままで、目も当てられん」

「……」

聞くうち、蓮月の目は涙でいっぱいになった。ひとりになると、和歌をしたためた。

——聞くままに　袖こそぬるれ　道のべに　さらす屍（かばね）は　誰にかある

大田垣蓮月

らん
老婆とも思えぬ力強さで、蓮月が動き始めたのは、このときであった。女の直感が反射的にそうさせたといっていい。途方もないことをはじめた。

「西郷に談判する」

というのである。官軍は旧幕府追討の軍を発せんとしていた。

――賊徒
として、徳川を討つ。

「このまま国のなかで人が殺し合ってはいけない」

蓮月はそう思った。直感であった。西郷を諫めるには歌がいい。蓮月は思いのたけを歌にぶつけた。

「あだ味方　勝つも負くるも　哀れなり　同じ御国の　人と思へば」

そういう歌が口をついて出た。それを短冊にしたため、西郷への直訴を企てた。

ってては、いくらもあった。まず、知人の春日潜庵は西郷の指南役といってよかった。そもそも、蓮月のまわりには、八田知紀をはじめとして、和歌を好む薩摩藩士が、しじゅう出入りしていた。鉄斎にしても、西郷とは顔見知りで、かつて堀川博多山の相撲場で一緒に相撲をみたことさえある。だから、西郷に、短冊を渡すぐらいのことは造作もなかった。

後年、この話は伝説にすぎない、という者も出たが、そうではない。

西郷はこの和歌をみた。大津の軍議で、諸将にこの和歌を示し、この国内最大の内戦の在り方について、大いに悟るところがあったという。

「この国を焦土にする。そこから新しい日本をつくる」

西郷のそういう考えを変えたのは、蓮月であったろう。東海道を下るなかで、西郷の思想が変じたのはたしかであった。

――江戸城総攻撃

いまのところ、これを慎重に回避したのは、西郷や勝海舟や山岡鉄舟の功績になっている。しかし、江戸を火の海から救ったのは、蓮月という一女性の、まともすぎるほど、まともな感覚であった。

ともかくも、蓮月は明治の世をむかえた。

「一度でいいから、蓮月という者をみてみたい」

維新の世になると、彼女のもとを競って貴顕が訪問した。加賀の前田侯も数人の従者をつれ、騎馬でやってきた。長州の毛利侯もきた。殿様がきても、蓮月は、いつもと同じであった。

「ようこられました。お茶をのんでおゆきなさい」

ふつうならば、抹茶を立てるようなものだが、蓮月は殿様にも渋茶を入れた。毛利侯は律儀で、翌日、使者を遣わし、

「昨日は世話になった」

と、黄金一枚と砂糖袋を贈ってよこした。

「せっかくの思し召しですが、世捨人には財貨は害あって益なしです。お持ち帰りください。しかし、砂糖袋は受け取ります」

そういって、蓮月は砂糖袋だけはもらった。村の子たちと、なめて

みたかったのである。

七十をすぎたころから、蓮月は、死に仕度をととのえていた。大工にいって、棺桶を用意し、そのなかに米をいれて、米櫃にした。

ところが、蓮月は、なかなか死なない。西賀茂村で貧しい死人が出ると、蓮月は、その米櫃の棺桶を与えた。そのうち、村人のほうでも、それを心得て、人が死ぬと、

「先生の所へ行って、棺桶をもらってこい」

というようになって、幾人もが蓮月から棺桶をもらった。蓮月はそのたびに新しく棺桶を仕入れた。それで結局、棺桶は、いくつ買ったか知れなかった。

八十をすぎると、さすがに、蓮月も衰えてきたらしい。鉄斎に子が

できたときいて喜び、肌身離さずもっていた、

——母親の形見の襦袢
で赤子の布団をつくり、与えた。

「大きな木綿の布に、蓮の花と月の画を書いて下さらんか」

何に使うのか、鉄斎に、そう頼んだという。

明治八年の十月末から、とうとう蓮月は床についた。

——腸チフス
と診断された。十一月にはいっても容体は変わらなかった。

「医者は精軒（せいけん）先生がいい」

蓮月出生の地、三本木から漢方医の安藤（あんどう）精軒がよばれた。蓮月がかねてから入魂（じっこん）にしていた医者であった。ところが、この医者に診ても

らっても一向によくならない。

「西洋医にみてもらったほうがいい」

人々はそうすすめた。実は蓮月は西洋医学にも理解があり、維新後は、人のすすめにまかせて、洋薬（西洋の薬）を服用することもあった。

「安藤先生の投薬はよくない。洋薬になさいませ」

そういっても、蓮月は静かに首をふった。

「死生、命あり、と申します。かならず無用にして下され」

十二月になると、息も細くなり、遺言をのこした。

――棺には短刀をいれよ、屍をば、男の手にふれさせぞ

という厳（おごそ）かなものであった。「死後は鉄斎にだけ知らせてください。

わたしの会葬などで多くの人をわずらわせないでください」ともいった。息をひきとったのは、

――明治八年十二月十日午後四時

であったと記録されている。遺品というべきものはなかった。ただ、きちんと折りたたまれた経帷子(きょうかたびら)と棺桶をおおう白木綿の布がでてきた。鉄斎が、蓮と月を描いたあの布であった。ひろげてみると、蓮と月の画のあいだに、辞世の歌が書き加えられていた。

「願はくは　のちの蓮の花の上に　曇らぬ月をみるよしもがな」

他人から見れば清らかすぎるほど清らかな生をおくった蓮月尼であったが、その蓮月にしても、来世だけは、曇らぬ心の月をもちたいと

願っていたことに、人々は心をうたれた。なにより、西賀茂村の村人たちが、蓮月を惜しんだ。蓮月の弔いには村中の人という人が集まってきた。

「これはいくつめの棺桶やろな」

そのなかの一人が、ぽつりとそういった。その瞬間、心のなかに押し殺されていた感情が一気に噴き出したかのように、西賀茂の村人は、みんな、わんわんと泣きだした。

「蓮月さんは活きた神様でした……。蓮月さんが亡くなられたとき、私も父もひざまずいて会葬しましたが、その時、神光院から墓所まで二、三丁もあったようでしたが、忘れませんことは、村中の者が、子供から年寄りまで、みな声をあげて泣きました」

そのなかにいたひとり、西村弥兵衛が、のちに語った言葉である。

あとがき

『武士の家計簿』を書いてから十年ちかく経つ。それからこの国も、いや、この国をとりまく環境がずいぶん変わった。ここにあるのは、いまは無名となって、泉下に苔むした三人の生涯である。わたくしが、いまどうしても記しておきたい三人のことを書いた。この国のありようをみるにつけ、千の理屈をいうよりも、先人の生きざまをそのまま辿ったほうがよい、と感じることが多くなっていた。どんな先人をとりあげて、何を語ればよいのか、自問自答をくりかえしていた。

そんなある日、わたしのもとに一通の手紙が舞い込んだ。差出人は三橋正穎となっていたが、心あたりはなかった。こんなことが書いてあった。

「自分は、東北は仙台のちかく『吉岡』というところに住んでいる者である。先生の『武士の家計簿』を読み映画もみた。実は、自分の住む吉岡には、こんな話が伝わっている。昔、吉岡は貧しい町であった。藩の助けもない。民家が潰れはじめた。このままでは滅ぶと絶望した住人が自ら動き、金を藩に貸し付けて千両の福祉基金をつくり、基金の利子を、全住民に配る仕組みを考えついた。九人の篤志家が身売り覚悟で千両をこしらえ、藩と交渉した。藩はあれこれいって金を多めに吸い取ろうとしたが、なんとか基金はできた。この九人の篤志家は見上げた人たちで、基金ができた後、藩から褒美の金をもらっても、それさえ住民にすべて配ってしまった。おかげで町は江戸時代を通じて人口も減らず、今に至っている。涙なくしては語れない話である。吉田勝吉という人がこの話を調べて『国恩記覚』という資料集にまとめている。磯田先生に頼みたい。どうかこの話を本に書いて、後世につたえてくれないか」

その文面は、ほんとうに実のこもったもので、わたしは心を打たれた。三橋さんのいう吉岡の九人のことを調べずにはいられなくなり、あちこち走り回って史料をあつめた。調べてみると驚いたことに、この九人は武士が百姓から米を獲うだけの世の中に疑問を抱き、逆に、百姓が武士から金を取るあべこべの仕組みを作ろうとしていた。この九人については吉田勝吉氏の調査のほか、詳細な古文書の記録が残されていることもわかった。やがて忘れ去られるであろう九人のことを書き記さねばと思った一人の僧侶がこつこつと書きためた記録であった。読んで、泣いた。古文書を読みながら涙がでてくることなど、これまでなかったが、とめどもなかった。それから、というもの、わたしは憑かれたように、この九人の話を書きはじめた。

なぜ、これほどまでに思いつめたのかというと、やはり、自分に子どもが生まれたということもあったろう。子どもが、いつか読んでくれたら、という思いをこめて書きはじめた。書きながら、この子が大きくなるころには、この国は余程大変なことになっているだろうというごとが頭について、はなれなかった。これからの日本は物の豊かさにおいて、まわりの国々に追い越されていくかもしれない。だからこそ、この話はつたえておきたいと思った。いきなり大きな話になるが、この十年で、お隣の中国は国内総生産が四倍になった。韓国はあと十数年で日本の一人当たりGDPを追い抜くともいわれている。その頃に、南海トラフでも動いて、太平洋ベルトに大きな津波被害をうければ、国の借金は国内で消化しきれなくなって、高い利子で他国から資金を借りてこなければならなくなるだろう。そうなれば、大陸よりも貧しい日本が、室町時代以来、五百年ぶりにふたたび現れる。そのとき、わたくしたちは、どのようなことどもを子や孫に語り、教えればよいのか。このときこそ、哲学的なことどもを、子どもにきちんと教えなくてはいけない。

いま東アジアを席巻しているものは、自他を峻別し、他人と競争する社会経済のあり方である。大陸や半島の人々には、元来、これがあっていたのかもしれない。競争の厳しさとひきかえに「経済成長」をやりたい人々の生き方を否定するつもりはない。彼らにもその権利はある。しかし、わたしには、どこかしら、それには入っていけない思いがある。「そこに、ほんとうに、人の幸せがあるのですか」という、立ち止まりが心のなかにあって、どうしても入ってゆけない。この国には、それとはもっとちがった深い哲学がある。しかも、無名のふつうの江戸人に、その哲学が宿っていた。それがこの国に数々の奇跡をおこした。わたしはこのことを誇りに思っている。この国にとってこわいのは、隣より貧しくなることではない。ほんとうにこわいのは、本来、日本人がもっているこのきちんとした確信が失われることである。ここは自分の心に正直に書きたいものを書こうと思い、わたしは筆を走らせた。

地球上のどこよりも、落とした財布がきちんと戻ってくるこの国。ほんの小さなことのように思えるが、こういうことはGDPの競争よりも、なによりも大切なことではないかと思う。古文書のままでは、きっとわたしの子どもにはわからないから、わたしは史伝を書くことにした。自分がほんとうに、この人物の生涯をみせたいと思った三人のことを記していった。

本書を書きながら、わたしは本心をいうと、安堵をおぼえた。若いころは、お金がなければ、それなりに偉くなろうと試みなければ、ちゃんと暮らせないのではないか、と不安にとりつかれやすいものである。しかし、ここでとりあげた三人とつきあうにつけ、なるほど、このように過激な清浄を生きても人間は幸せでいられるのか、と思い、ほっとした。穀田屋十三郎たち、中根東里、大田垣蓮月……この江戸人たちがたどりついた哲学は奥深い。彼らの生きざまを「清らかすぎて」などとは思わなかった。時折、したり顔に、「あの人は清濁あわせ呑むところがあって、人物が大きかった」などという人がいる。それは、はっきりまちがっていると、わたしは思う。少なくとも子どもには、ちがうと教えたい。ほんとうに大きな人間というのは、世間的に偉くならずとも金を儲けずとも、ほんの少しでもいい、濁ったものを清らかなほうにかえる浄化の力を宿らせた人である。この国の歴史のなかで、わたしは、そういう大きな人間をたしかに目撃した。その確信をもって、わたしは、この本を書いた。

本書を書くための取材で、東日本大震災で被害をうけた吉岡の町に入ったとき、むかえてくれたのは、吉岡の九人の顕彰会のみなさんであった。そのなかに吉田勝吉氏の姿があるかと思ったがみえなかった。思わず、きくと、一座の顔が曇り、「ご体調がよくないんです」といわれた。吉田さんは九人の顕彰のため、生涯かけて資料を集めてこられたのだという。

穀田屋十三郎のご子孫にあたる高平和典さんのお宅にもうかがった。穀田屋だけは、いまも吉岡にあって酒屋の営みをつづけておられる。吉岡の方々は口々に、先人の偉大さを語ってくれたが、ご子孫であるはずの、高平さんのご家族はただ微笑むばかりであった。あまりに語られないものだから、きいてみると、「いえ。昔、先祖が偉いことをしたなどというてはならぬと言われてきたものですから」と恥ずかしそうにいわれた。目を転じると、長押（なげし）のうえには「誠意」と大書された明治初年とおぼしき扁額がかかっていた。その高平さんも、ご老人にたのまれて、先祖の顕彰碑ができたときに、一度だけ、「感謝の言葉」をよせたことがある。遠慮深く、最後に、このように書かれていた。「平成不況の折、先人の知恵等をお借りして、生き抜いていく方法はないものかと思う今日この頃でございます」。

この本を書きあげ、このあとがきを半分ほど書きあげたところで、吉岡の大和町教育委員会から一通のメールがきた。「吉田勝吉さんが亡くなった」という哀しいしらせであった。一生かけて吉岡の九人の資料をあつめられた吉田さんは、病床で、わたしが書く穀田屋十三郎の連載をうれしそうに読んでおられた、という。瞑目するほかなかった。本書を吉田さんの霊前に捧げたい。あなたの蒐めた史料がなければ、わたしはこの一文を書くことはできませんでした。一度もお会いすることはありませんでしたが、史家として、これほど冥利につきる仕事をさせていただいたことはありません。ありがとう。

平成二十四年九月二十日　葬儀の日に

筆者

解説　論理と情緒を兼ね備えた人

藤原正彦

磯田道史さんの名前を知ったのも文章を呼んだのも、二〇〇三年の新潮ドキュメント賞選考時が初めてだった。その年に出版された『武士の家計簿「加賀藩御算用者」の幕末維新』が最終候補作五点の一つに残ったからである。専門の論文しか書いたことのない気鋭の若手歴史研究者が、加賀藩猪山家の家計簿について書いた本では、どう見ても退屈そうだとまず思った。ただ、「算」という文字が数学者の私に少しだけ興味を抱かせた。

読み出したら止められなかった。作家だった私の父は、「最後まで一気に読んだ」という感想を最も喜んだ。父にとって傑作とは、どんな理屈より「最後まで一気に読める本」だったのだ。『武士の家計簿』はそんな本だったうえ、日本近代史の見直しにもつながりうる学問上の業績とさえ言えるものだった。この著者は今後もこのような秀作を書ける人と確信した。私は受賞作として躊躇せず強く推した。

磯田さんにお会いしたのはその二時間後だった。選考委員達がワインなどを飲んでいる所へ、受賞を聞いた彼が駆けつけたのだ。すれた所のみじんもない真っすぐの人だった。初々しい独身の好男子とあって、熟女作家や熟女編集者に散々からかわれていた。「図書館や古本屋などで古文書を一日中読んでいる時が一番幸せ」と彼が語るのを聞き、「本当に純粋なのだ」と思ったり、「このような資質に恵まれていてうらやましい」と思ったりしながら、私は白皙の新人を眺めていた。立派な受賞者でよかったと思った。

さて本書は、歴史に埋もれた三人の人物に焦点をあてている。一人は穀田屋十三郎という、伊達藩の貧しい宿場町の商人である。彼はさびれて行くばかりの町をどうにか立て直そうと数人の商人を誘い、説き伏せ、破産はもちろん一家離散をも覚悟でどうにか千両を集め、それを財政難の伊達藩に貸した。それの生み出す毎年の利息をそのまま貧しい町民に配る、という奇手で町を救ったのである。そればかりか、自分の行なった行為を善行と思ったり口外したりすることを、家訓として子孫代々に禁じたのだ。

もう一人は、日本一の儒者、日本一の詩文家とも言われた中根東里である。一切の栄達を望まなかったため、引く手あまたにもかかわらず仕官しようとせず、一生を極貧に甘んじた人物である。この不世出の詩人が世に知られていないのは、彼が自らの詩文を片端からかまどの火にくべてしまったからだ。稀有絶無の詩才と後に呼ばれたのは、わずかに残された遺稿によるものである。村民の作ってくれた小さな茅葺きの庵に住み、そこで細々と塾を開き、村人に万巻の書から摑んだ人間の道を平易に語り続けたのである。

三人目は津藩藤堂家の高貴な血を引きながら、訳あって身分の低い武士の養女となったことから、数奇な運命をたどった江戸後期の絶世の美人、大田垣蓮月である。二度の結婚で四人の子を産んだが、二人の夫には病死され四人の子には夭折された。剃髪して出家した彼女は歌人として名をなすと同時に、自作の焼き物に自詠の和歌を釘彫りする蓮月流を創始した。彼女も自らの歌集の出版を強引に差し止めるなど名誉を求めなかった。焼き物で手にした金は飢饉のさいに私財を投げ打って貧者を助け、人々の便利のため加茂川に橋をかけるなど慈善事業に勤んだ。旧幕府軍追討の旗を上げた西郷隆盛には、「あだ味方勝つも負くるも哀れなり同じ御国の人と思えば」の歌を送り自重を促したという。西郷が江戸城総攻撃を思い止まったのは、勝海舟や山岡鉄舟のおかげというよりこの歌のおかげとも言われる。

『武士の家計簿』と同じく、本書も世に埋もれた人間に焦点をおいた作品だが、主題は大いに異なる。前者は質素倹約と刻苦精励によって自らの道を切り拓いた猪山家の力強い生き様だったが、後者は無私の日本人を拾い出し、その惻隠、献身、謙譲を描いている。共に日本人の誇るべき、そして近年忘れられてきた美徳と言ってよい。

著者は昨今の日本の姿を、歴史学者としての目で、日本の本来の姿ではないと明察しているのではないか。ものの価値をことごとく金銭で計るというアメリカ流の新自由主義が跳梁跋扈し、経済至上主義にすっかり染まった人々は競争と評価に追いつめられ、本来の日本人らしさを失なっている。これを見て磯田氏は「これは違う」と義憤を感じているのではないか。幕末維新の頃に来日した多くの欧米人は「日本人は貧しい。しかし幸福そうだ」と首をひねった。欧米では、貧しいとは惨めで不幸というのが常識だったからだ。この日本人の不思議に対する解答の鍵が本書にあるような気がした。

磯田さんの本にはいつも余得がある。「江戸時代、とくにその後期は、庶民の輝いた時代である。江戸期の庶民は、親切、やさしさ、ということでは、この地球上のあらゆる文明が経験したことがないほどの美しさをみせた。倫理道徳において、一般人が、これほどまでに、端然としていた時代もめずらしい」「家意識とは、家の永続、子々孫々の繁栄こそ最高の価値と考える一種の宗教である。この宗教は『仏』と称して『仏』ではなく先祖をまつる先祖教であり、同時に、子孫教でもあった。江戸時代を通じて、日本人は庶民まで、この国民宗教に入信していった」。このような著者ならではの鋭い洞察や歴史観が、本文のあちらこちらに挿入されていて、私などは大いに得した気分になるのである。

私は本書で活写されたような人物が我が国にいたことをうれしく思った。そしてこのような日本人は他にも、全国津々浦々に多くいたに違いないと信じている。歴史に埋もれてしまっているだけだ。古文書を自在に読める磯田さんが、こんな人々に光をあててくれることに感謝したい。このような仕事に向かわれる彼の中には、埋もれた偉人に遅ればせながら正当な名誉を与えたい、という彼の正義感と惻隠も働いているのだろう。

磯田さんの作品を読むと、彼が論理と情緒を兼ね備えた人であることが分る。このような人はしばしば、虫の目と鳥の目をともに持っている。彼はこれからもこれら二つの目でいくつもの発掘をしてくれるだろう。そしていつの日か彼は、それらを踏まえ、日本人とは何かを明らかにし、日本史に斬新な視点を与える仕事をしてくれるのではないだろうか。楽しみである。

（数学者・作家）

主要参考文献

穀田屋十三郎

『国恩記』（仙台叢書第一一巻所収）、宝文堂出版販売、一九七二年
『大和町史』穴沢吉太郎編、大和町、一九七七年
『国恩記覚』吉田勝吉編著、二〇〇一年

中根東里

『東里遺稿解』粂川信也編著、中根東里遺稿刊行会、知松庵跡宝竜寺、明治文献（発売）、一九七四年

『日本陽明学派之哲学』井上哲次郎、冨山房、一九〇〇年

大田垣蓮月

『蓮月尼全集』村上素道編、蓮月尼全集頒布会、一九二七年
『大田垣蓮月』杉本秀太郎、桐葉書房、青幻舎（発売）、二〇〇四年

本書は、株式会社文藝春秋のご厚意により、文春文庫『無私の日本人』を底本としました。但し、頁数の都合により、上巻・下巻の二分冊といたしました。

著者紹介

磯田道史（いそだ・みちふみ）

1970年、岡山県生まれ。2002年、慶應義塾大学大学院文学研究科博士課程修了。博士（史学）。現在、国際日本文化研究センター准教授。史料を読みこみ、社会経済史的な知見を活かして、歴史上の人物の精神を再現する仕事をつづけている。著書に『近世大名家臣団の社会構造』『武士の家計簿』『殿様の通信簿』『龍馬史』『歴史の愉しみ方』『無私の日本人』『天災から日本史を読みなおす』などがある。

無私の日本人　下

（大活字本シリーズ）

2021年5月20日発行（限定部数700部）

底　本　文春文庫『無私の日本人』

定　価　（本体3,100円＋税）

著　者　磯田　道史

発行者　並木　則康

発行所　社会福祉法人　埼玉福祉会

埼玉県新座市堀ノ内3—7—31　〒352—0023

電話　048—481—2181

振替　00160—3—24404

印刷製本所　社会福祉法人　埼玉福祉会　印刷事業部

ISBN 978-4-86596-434-9